Klasse vorbereitet

W0359628

Klassenarbeitstrainer

Deutsch
Gymnasium 7

Schroedel

Klasse vorbereitet

Klassenarbeitstrainer

Deutsch
Gymnasium 7

Dirk Kollhoff
sowie Angela Vahl

Dirk Kollhoff ist ein erfahrener Gymnasiallehrer mit den Fächern Deutsch, Geschichte und Philosophie. Neben seiner Tätigkeit an der Schule arbeitet er in der Lehrerfortbildung.

Druck ²/Jahr 2016

Redaktion: imprint, Zusmarshausen
Kontakt: lernhilfen@schroedel.de
Herstellung: Sandra Grünberg
Umschlaggestaltung und Innenlayout: Maike Frach, Braunschweig
Umschlagfoto: Peter Wirtz, Dormagen
Illustrationen: Hans-Jürgen Feldhaus, Münster
Satz: imprint, Zusmarshausen
Druck und Bindung: westermann druck GmbH, Braunschweig
ISBN 978-3-507-**23252**-5

Vorwort

Liebe Schülerin, lieber Schüler,

mit diesem Buch gelangst du in drei Schritten zur erfolgreichen Klassenarbeit:

Verstehen: Lerne und wiederhole wichtige **Regeln**. Ausführliche Beispiele und Erklärungen erleichtern dir das Verstehen.

Üben: Abwechslungsreiche **Tests** üben den Lernstoff ein. Wenn du dir einmal nicht sicher bist, wie eine Aufgabe gelöst wird, schaue in den Regeln nach.

Können: Genug geübt? Dann schreibe eine **Klassenarbeit** wie in der Schule! Die Zeitangabe auf jeder Klassenarbeit gibt an, wie viel Zeit dir zur Verfügung steht.

Mithilfe des **Lösungsteils** hinten im Buch kannst du kontrollieren, ob du alle Aufgaben richtig bearbeitet hast.
Hier findest du auch den Bewertungsschlüssel für die Klassenarbeiten.

Zwei Symbole begleiten dich durch das Buch: Der Smiley macht dich auf Tipps und Tricks aufmerksam, das Ausrufezeichen kennzeichnet Aufgaben, die etwas kniffliger sind.

Solltest du einmal nicht genug Platz zum Bearbeiten der Aufgaben finden, nimm einfach ein Heft zur Hand.

Viel Erfolg bei der nächsten Klassenarbeit!

Dirk Kollhoff

Inhaltsverzeichnis

1 Rechtschreibung

Groß- und Kleinschreibung

Satzanfang

Großgeschrieben werden Wörter aller Wortarten am Satzanfang sowie das erste Wort einer direkten Rede oder eines vollständigen Satzes nach einem Doppelpunkt.

Sagen erzählen vom Leben der Menschen in früherer Zeit.
Eine Leserin meinte: „Das war das Spannendste, was ich seit langem gelesen habe."
Experten fordern: Lest wieder mehr!

Substantive (Nomen)

Großgeschrieben werden alle Substantive. Jedes Substantiv besitzt einen Artikel und kann dekliniert werden (Kasus). Man erkennt Substantive auch daran, dass sie oft mit einem Attribut verwendet werden.

der Leser, die Bibliothek
das Buch, die Seiten des Buches, mit dem Buch, über das Buch
ein preisgekröntes Buch

Substantivierungen

Als Substantive gebrauchte Verben (Infinitive und Partizipien), Adjektive und Wörter anderer Wortarten werden großgeschrieben. Häufig ist ihnen ein Begleiter (Artikel, Adjektiv, Pronomen, Präposition, unbestimmtes Zahlwort) vorangestellt.

ein Jammern, im Folgenden, etwas Gebratenes
allerlei Schönes, viel Neues, ein perfektes Englisch
das Für und Wider, kein Weh und Ach

Feste Wendungen

Feste Wendungen aus Präposition und nicht dekliniertem Adjektiv werden kleingeschrieben.

durch dick und dünn
über kurz oder lang

Ist das Adjektiv dekliniert, kann es auch großgeschrieben werden.

bis auf weiteres oder bis auf Weiteres
vor kurzem oder vor Kurzem

Tageszeiten

Die Bezeichnungen von Tageszeiten nach Adverbien wie **gestern**, **heute**, **morgen** werden als Substantive angesehen und großgeschrieben.

vorgestern Nacht, heute Morgen, morgen Mittag

Eigennamen

Eigennamen werden großgeschrieben.
Dazu zählen Titel und Überschriften, Straßennamen, Namen von Personen, geografische Namen, Ehren- und Amtsbezeichnungen, besondere Kalendertage, Bezeichnungen für historische Ereignisse und Epochen.
Während bei Titeln immer das erste Wort großgeschrieben wird, schreibt man in den anderen genannten Fällen in der Regel auch zum Namen gehörende Adjektive und Zahlwörter groß.
Die Irrfahrten des Odysseus
Lange Straße, An der Trift, August der Starke, die Goldenen Zwanzigerjahre

Ableitungen auf *-er* und *-isch*

Von geografischen Namen abgeleitete Wörter auf *-er* schreibt man immer groß. Die von geografischen Namen abgeleiteten Adjektive auf *-isch* werden nur dann großgeschrieben, wenn sie Teil eines Namens sind. Diese Regelung gilt auch für Adjektive, die von Personennamen abgeleitet sind.
die Berlin**er** Bürger
mecklenburg**ische** Spezialitäten, aber: die Mecklenburgische Seenplatte
schillersche Balladen

Anrede

Das Anredepronomen **Sie** sowie die Formen **Ihr, Ihre, Ihrer, Ihnen** schreibt man immer groß. Die vertraulichen Anredepronomen **du** und **ihr** sowie alle dazugehörigen Formen **(dein, deine, euer, eure)** schreibt man dagegen klein, nur in Briefen dürfen diese Pronomen auch großgeschrieben werden.
Wie geht es Ihnen? Haben Sie sich gut erholt?
Lieber Paul,
wie geht es dir/Dir? Hast du/Du dich/Dich in den Ferien gut erholt?

Zusammen- und Getrenntschreibung

Zusammengesetzte Wörter schreibt man zusammen

Zusammengesetzte Wörter können aus folgenden Bestandteilen bestehen:
Substantiv + Substantiv: **Wörterbuch**
Substantiv + Adjektiv: **wunderschön**
Präposition + Verb: **aufgeben**
Adverb + Verb: **fortlaufen**

Wortgruppen aus Verb + Verb

Wortgruppen aus Verb + Verb schreibt man in der Regel getrennt.
stehen bleiben, schreiben lernen, tanzen gehen

Die Getrenntschreibung bleibt auch bei der Bildung des Partizips und dem Infinitiv mit *zu* erhalten.
In der Schule habe ich mein Hausaufgabenheft liegen gelassen.

Achtung: Bei der Verbindung mit *kennen* und *lernen* ist beides erlaubt – die Getrennt- und die Zusammenschreibung.

Wortgruppen aus Adjektiv + Verb

- Wenn bei einer Wortgruppe aus Adjektiv und Verb das einfache Adjektiv das Ergebnis der Tätigkeit ist, die das Verb nennt, so kann getrennt **oder** zusammengeschrieben werden.
  klein schneiden oder kleinschneiden
- Ist das Adjektiv abgeleitet **(schmutzig von Schmutz)** oder erweitert **(ganz klein oder kleiner)** so wird stets getrennt geschrieben.
  kleiner schneiden, schmutzig machen
- Ist das Verb der neuen Wortgruppe schon zusammengesetzt (**an**streichen) so wird auch getrennt geschrieben.
  Das Klassenzimmer grün anstreichen
- Ergibt die Verbindung aus Adjektiv und Verb eine neue Gesamtbedeutung, dann schreibt man zusammen.
  Sie kann gut schreiben.
  Die Bank wird meinem Konto diesen Betrag **gutschreiben**.
  (neue Bedeutung: anrechnen)

Wortgruppen mit *sein*

Wortgruppen mit *sein* schreibt man stets getrennt.
da **sein**, hier **sein**, zusammen **sein**, krank **sein**, satt **sein**
(aber: das Dasein, das Zusammensein ...)

Wortgruppen aus Substantiv + Verb

Wortgruppen aus Substantiv und Verb werden meist getrennt geschrieben.
Wenn das Substantiv umgestellt werden kann, ist dies ein guter Hinweis auf die Getrenntschreibung.
Nach der Schule werde ich **Rad fahren**. (**Fährst** du nach der Schule **Rad**?)
Staub saugen, Auto fahren, Rat suchen
Wortgruppen aus Substantiv und Verb schreibt man zusammen, wenn das Substantiv verblasst, das heißt nicht mehr als Substantiv erkennbar ist, bzw. wenn das Substantiv nicht umgestellt werden kann.
heimbringen, **irre**führen, **preis**geben, **teil**haben, **eis**laufen
Wenn man diese Verben beugt, schreibt man in einigen Fällen auch getrennt.
Meiner besten Freundin gebe ich mein Geheimnis preis.
Aber: Meiner besten Freundin habe ich mein Geheimnis preisgegeben.

Wortgruppe *gar nicht*

Die Wortgruppe *gar nicht* wird gar nicht zusammengeschrieben.
Die richtige Schreibung von Wörtern ist **gar nicht** so schwer.

Wortgruppen aus Partikel + Verb

Wortgruppen aus Partikel und Verb werden in der Regel zusammengeschrieben. Unterscheiden muss man aber den Infinitiv mit *zu*, der getrennt geschrieben wird.

abändern, **auf**lösen, **herbei**kommen, **zu**machen

Aber: Hör auf, Blödsinn zu machen.

Wenn man diese Verben beugt, schreibt man in einigen Fällen auch getrennt.

Der Film soll super sein, komm doch mit.

Aber: Der Film war super, wärst du doch mitgekommen.

Schreibung von Wortstämmen

Dehnung

Ein langer Stammvokal wird häufig durch ein Dehnungs-h **(ah, eh, ih, oh, uh)** und manchmal durch einen Doppelvokal **(aa, ee, oo)** gekennzeichnet.

f**ah**ren, **Eh**re, **ih**r, **oh**ne, **Uh**r; p**aa**r, M**ee**r, Z**oo**

Ein langes i wird oft durch ein **ie** wiedergegeben, selten auch durch **ieh**.

L**ie**be, V**ieh**, S**ie**b, D**ie**b

In den meisten Fällen erfolgt keine Kennzeichnung der Länge des Vokals und es steht nur der **einfache Vokal**.

N**a**me, l**e**ben, w**i**r, T**o**r, n**u**r

Schärfung

Nach einem kurzen Stammvokal folgen entweder zwei oder mehr unterschiedliche Konsonanten oder zwei gleiche Konsonanten (Doppelkonsonant).

wi**nk**en, Li**cht**; we**nn**, So**mm**er

Allgemeine Regeln zur Schreibung des S-Lauts

Bei stimmhaftem S-Laut am Wortanfang oder im Wortinnern wird immer *s* geschrieben. – **S**onne, In**s**el

Ist der S-Laut stimmlos, wird er auch dann *s* geschrieben, wenn ein stammverwandtes Wort ein stimmhaftes *S* enthält. – Laus – Lausejunge

Der stimmlose S-Laut wird nach kurzem Vokal *ss* geschrieben und nach langem Vokal *ß*. – kla**ss**isch, sü**ß**

Wir schreiben **das**, wenn es sich um einen Artikel, ein Demonstrativpronomen oder ein Relativpronomen handelt.

Man schreibt **dass**, wenn die Konjunktion verwendet werden muss.

Besonderheiten bei der Schreibung

Wörter auf *-nis* und bestimmte Fremdwörter werden nur mit einem s geschrieben, obwohl ihre Pluralform ein Doppel-s enthält.

Hinderni**s** – Hinderni**ss**e

Bu**s** – Bu**ss**e

Atla**s** – Atla**ss**e (oder auch Atlanten)

Integration der Fremdwörter

Die Schreibung und Aussprache eines Fremdwortes richten sich nach dem Herkunftsland. Allerdings haben sich häufig gebrauchte Fremdwörter der deutschen Schreibweise bereits angeglichen. Oft ist aber auch noch die ursprüngliche Schreibweise korrekt:

Delfin oder Delphin, Frisör oder Friseur

Die Fremdwortbestandteile *graph, phon, phot*

Die Wortbestandteile **graph**, **phon** und **phot** können auch **graf**, **fon** und **fot** geschrieben werden.

Geo**graf**ie oder Geo**graph**ie
Mikro**fon** oder Mikro**phon**
Fotografin oder **Phot**ographin

Fremdwörter mit *rh* und *th*

Nur in wenigen Fällen wird das aus dem Griechischen stammende **rh** zu **r** bzw. das **th** zu **t**.

Kata**rr** oder Kata**rrh**
Myr**re** oder Myr**rhe**
Aber:
Rheuma, **Rh**ythmus, **rh**etorisch, **Rh**ododendron

Pan**t**er oder Pan**th**er
Tunfisch oder **Th**unfisch
Aber:
therapieren, **th**eoretisch, **Th**ematik, Empa**th**ie

Besonderheiten bei der Fremdwortschreibung

Der größte Teil der Fremdwörter ist noch nicht an die deutsche Schreibweise angeglichen und behält die ursprüngliche Schreibung.

Jalousie, online, Philosophie, synthetisch

Fremdworttypische Buchstaben und Buchstabenverbindungen sind **v** und **ph** statt **f**, **i** statt **ie**, **k** oder **kk** statt **ck**.

Fremdwörter enden häufig auf **-ie, -ion, -ant, -al, -us, -as, -tät** oder **-um** bzw. **-ieren**.

Violine, Fabrik, Maschine, akkurat,
Diplomatie, Kaktus, Quantum, markant, interessieren

Test 1: Groß- und Kleinschreibung (I)

üben

1 **Groß oder klein? Entscheide, ob die in Klammern stehenden Wörter substantiviert sind oder nicht.**

Beim Schreiben (SCHREIBEN) von Texten sollte man immer auf die Rechtschreibung achten (ACHTEN). Das schnelle Aufsuchen (AUFSUCHEN) von Wörtern im Duden kann man trainieren. Durch häufiges Nachschlagen (NACHSCHLAGEN) wird man immer sicherer und kann sich viele Wörter einprägen (EINPRÄGEN). Auch wiederholtes Aufschreiben (AUFSCHREIBEN) hilft dabei.

Sc

SC

2 **Überlege, ob du groß- oder kleinschreiben musst.**

MP3-Player

Der MP3-Player ist ein (PRAKTISCHES GERÄT) praktisches Gerät. Man kann es (IMMER) immer und (ÜBERALL) überall benutzen, um (MUSIK) Musik zu hören. (ALLES) Alles, was ich tue, tue ich mit dem MP3-Player: (EINKAUFEN) einkaufen, zur (SCHULE) Schule gehen, (ZEITUNGEN) Zeitungen austragen und so weiter. (TOLL) Toll ist er auch im (LANGWEILIGEN WARTERAUM) langweiligen Warteraum des Zahnarztes. Das (GUTE) Gute daran ist, dass man (NIEMANDEN) niemanden wirklich stört. Auch der (ENTSPANNUNG) Entspannung dient der MP3-Player. Nach (GETANER ARBEIT) getaner Arbeit ist gut ruhen – mit dem MP3-Player.

Test 2: Groß- und Kleinschreibung (II)

üben

1 **Entscheide dich für die richtige Schreibung und streiche die falsch geschriebenen Wörter durch.**

Seit langem ▪ Langem habe ich mir diese neue CD gewünscht, auf der mir alle Titel gut gefallen. Besonders mag ich die deutschen ▪ Deutschen und die englischen ▪ Englischen. Aber auch die italienischen ▪ Italienischen Lieder kann man sich anhören. Die englische ▪ Englische Sprache ist aus unserer Zeit nicht mehr wegzudenken. Aber auch italienisch ▪ Italienisch ist heute bei vielen ▪ Vielen sehr populär. Am schnellsten ▪ Schnellsten und leichtesten ▪ Leichtesten lernt man eine Sprache, wenn man jung ist. Trotzdem beginnen auch viele ▪ Viele Erwachsene eine Sprache zu lernen. Die einen ▪ Einen kaufen sich die neuesten Computerprogramme und die anderen ▪ Anderen besuchen einen Abendkurs. Dorthin kommen Leute von nah und fern ▪ Nah und Fern. Alle strengen sich im allgemeinen ▪ Allgemeinen auf das äußerste ▪ Äußerste an.

2 **Bilde selbst Sätze, in denen folgende Wendungen vorkommen.**

a) FÜR JUNG UND ALT

Dies war ein Fest für Jung und Alt

b) IM GERINGSTEN

Du störst mich nicht im Geringsten

c) WENIG GUTES Die dicken Wolken lassen wenig Gutes erwarten

d) BEI WEITEM Das reicht bei weitem nicht

e) VON NEUEM

Nun fangen wir von Neuem an.

3 **Wie werden diese Wortgruppen geschrieben?**

	groß	klein
SCHWEIZER Käse	[x]	☐
die SCHWEIZERISCHEN Eisenbahnen	☐	[x]
die EUROPÄISCHE Gemeinschaft	[x]	☐
EUROPÄISCHE Hauptstädte	☐	[x]
BADEN-WÜRTTEMBERGISCHE Einwohner	☐	[x]
das HESSISCHE Bergland	[x]	☐
STEINHUDER Meer	[x]	☐
SCHLESWIG-HOLSTEINISCHE Ostseeküste	☐	[x]
die LUTHERSCHE Bibelübersetzung	☐	[x]

Test 3: Getrennt oder zusammen?

üben

1 Getrennt oder zusammen?

Ferien auf dem (Reiter Hof) ______________ werden immer beliebter. Vor allem Mädchen wollen das (hoch Gefühl) __________ der Freiheit auf dem Rücken der Pferde (kennen lernen) ________________. Dabei hoffen sie, dass das Training ihnen nicht (schwer fallen) ___________ wird und sie sich nicht (lang weilen) _______________. Auch wenn die eine oder andere Reiterin in dieser Zeit einmal hoffentlich nur (leicht fallen) _______________ sollte, so wird doch die Mehrheit im nächsten Jahr wieder (da sein) ________. Wenn man die Ferien auf einem (Pferde Hof) _______________ verbringen will, dann sollte man keine (Angst haben) _______________ vor Pferden. Eine Liste mit Höfen, auf denen (Reiter Ferien) ________________ (statt finden) ________________, erhält man in den jeweiligen (Tourismus Büros) ________________.

2 Entscheide dich für die richtige Schreibung und streiche die falsch geschriebenen Wörter durch.

a) Ich bin froh, dass ich meine Kopfschmerzen endlich losbin ▪ los bin.
b) Wenn das Gewitter vorbeiist ▪ vorbei ist, werden wir die Radtour fortsetzen ▪ fort setzen.
c) Mit dem Ergebnis der letzten Klassenarbeit kann ich zufriedensein ▪ zufrieden sein.
d) Ich hole dich zehn Minuten vor Beginn der Veranstaltung ab, du musst dann aber fertigsein ▪ fertig sein.
e) Für das morgige Deutschdiktat muss ich garnicht ▪ gar nicht üben.
f) Schon als kleines Kind wollte Florian am liebsten den ganzen Tag lang autofahren ▪ Auto fahren.
g) Selbst bei einer niedrigen Waldbrandwarnstufe sollte man bei einem Anzeichen von Feuer im Wald sofort alarmschlagen ▪ Alarm schlagen.
h) Im Sommer könnte ich jeden Tag schwimmengehen ▪ schwimmen gehen.
i) Über diesen Fehler könnte ich mich totärgern ▪ tot ärgern.
j) Die Polizei hat die Aussage schriftlich festgehalten ▪ fest gehalten.
k) Nach dem Turniersieg hat eine große Siegesfeier stattgefunden ▪ statt gefunden.

üben

Test 4: Zusammensetzungen bilden?

1 **Bilde aus den Wörtern in der Tabelle passende Zusammensetzungen oder Wortgruppen und setze sie in die Lücken der Sätze von a) bis e) ein.**

Substantiv	Verb	Adjektiv	Partikel
der Beweis	bringen	frei	bei
die Lage	sprechen (2x)	schwarz	vorbei
der Schlaf	wandeln	kurz	vor
das Auto	fahren (2x)	frei	
der Bus	kommen	laut	
das Geld	bereiten		
der Vortrag	lachen		

a) Obwohl viele Fakten (Partikel + Verb) ______________ wurden, reichte die (Substantiv + Substantiv) ______________ nicht aus, so dass der Richter den Angeklagten (Adjektiv + Verb) ______________ musste.

b) Menschen, die (Substantiv + Verb) ______________, leben gefährlich, denn es ist nie sicher, was sie während ihres nächtlichen Umherirrens tun werden.

c) Seitdem Robert seinen Führerschein hat, will er nur noch (Substantiv + Verb) ______________.

d) Gestern hatte Laura ihr (Substantiv + Substantiv) ______________ vergessen, deshalb musste sie (Adjektiv + Verb) ______________. Sie fürchtete sich die ganze Busfahrt davor, dass ein Kontrolleur (Partikel + Verb) ______________ und sie nach ihrem Fahrschein fragt.

e) Für den Deutschunterricht soll ich einen (Adjektiv + Substantiv) ______________ zum Thema Sagen (Partikel + Verb) ______________. Während des Vortrages muss ich (Adjektiv + Verb) ______________ und in die Klasse sehen, hoffentlich grinsen mich meine Mitschüler nicht an, sonst muss ich (Adjektiv + Verb) ______________.

2 **Bilde selbst Sätze, in denen folgende Wendungen vorkommen. Schreibe in dein Heft.**

a) voll bringen
b) vollbringen
c) frei sprechen
d) freisprechen

Test 5: Dehnung und Schärfung

üben

1 Ergänze die fehlenden Vokale und achte auf die Kennzeichnung der Länge.

a) allm____lich überm____tig werden

b) n____mlich nicht d____mlich sein

c) ein Denkm____l enthüllen

d) einen W____derstand spüren

e) St____l haben

f) einen guten N____men haben

g) mit einem M____le kl____r werden

h) W____derspruch einlegen

i) eine W____derh____lung sehen

j) der St____l einer Blume

2 Setze die fehlenden Buchstaben in die Wörter ein.
Entscheide dich für einen einfachen oder doppelten Konsonanten.

n ▪ nn: wi____ken, Erke____tnis, er ka____te, li____ks, Ko____to

l ▪ ll: Ro____er, Fa____ter, wir ha____ten an, es ha____t, Verge____tung

p ▪ pp: Kla____erschlange, Ze____ter, es kla____t, za____eln, hü____fen

m ▪ mm: pro____pt, sie su____t, Vorko____nis, bru____en, Ha____pelmann

3 Bilde aus den vorgegebenen Wortbestandteilen Wörter mit kurzem Stammvokal. Beachte auch die korrekte Groß- und Kleinschreibung.

hof ▪ ger ▪ fent ▪ wis ▪ lich ▪ end ▪ ung ▪ sens ▪ ent ▪ toll ▪ deck ▪ en ▪ hun ▪ wis ▪ schuld ▪ kennt ▪ heit ▪ grig ▪ ent ▪ ig ▪ sen ▪ nis ▪ hun ▪ ung ▪ schaft

üben

Test 6: s – ss – ß/Fremdwörter

1 **Bilde die Leitformen der Verben. Achte auf die Schreibung des S-Lauts.**

verweisen – verwies – verwiesen

a) wissen ____________________

b) lesen ____________________

c) lassen ____________________

d) blasen ____________________

e) reisen ____________________

f) reißen ____________________

g) verblassen ____________________

2 **Vervollständige die Lücken in den Wörtern.**

Die Farbe war verbla____t. Bla____t die Posaunen. Wei____t du noch? Sie erhielt einen Verwei____. Es lie____ sich nicht verhindern. Lie____ mal wieder. Wir rei____en das Kalenderblatt ab. Ihr rei____t um die Welt.

3 **Ergänze die Reimwörter.**

mü____en	Ma____en	bü____en	Genu____	Bu____e	Fü____e
kü____en	Kla____en	grü____en	Flu____	Mu____e	Sü____e

4 **Streiche die falsch geschriebenen Wörter durch.**

a) Kathastrophe ▪ Katastrofe ▪ Katastrophe
b) Toleranz ▪ Tolleranz ▪ Tolerantz
c) Karakter ▪ Charackter ▪ Charakter
d) Grammatick ▪ Gramatik ▪ Grammatik
e) symbohlisieren ▪ symbolisieren ▪ simbolisieren

5 **Setze die richtigen Buchstaben ein.**

f ▪ v ▪ ph ▪ pf: ____eife, ____uhre, ____ysik, ____erkehr, ____ilatelie

v ▪ w: ____isa, Ni____eau, ____illa, ____eranda, ____aggon

ch ▪ sch: ____arme, ____eibe, ____ips, ____auvinismus, ____ance,

ch ▪ k ▪ c: ____or, ____arakter, ____ontrolle, ____reme, Or____ester

x ▪ ks ▪ chs ▪ cks: Kle____, E____pedition, Wa____, Ke____, E____amen

Klassenarbeit Nr. 1 40 min

können

1 **Schreibe die Wörter in den Klammern in der richtigen Schreibweise in die Lücke.**

Das Glück des Anglers

Jürgen ist (SPORTANGLER) ____________________. Es ist schon länger her,

dass er (MÜHELOS) ________________ die Prüfung bestanden hat.

In (FACHZEITSCHRIFTEN) ___________________________ verfolgt er die

Berichte von (AUSSERGEWÖHNLICHEN) _________________________ Fängen.

Als er im letzten Sommer ein-, zweimal im (FORELLENTEICH) _______________

des (NACHBARDORFES MITANGELN) __________________ _________________

durfte, fing er 13 Fische. Einen großen Hecht sah er leider nur (VORBEI-

SCHWIMMEN) _________________________. Seitdem ist es Jürgens größter

Wunsch, einmal einen (ZEHNPFÜNDER) __________________ am Haken zu

haben. Das wäre ein (SUPERFANG) _____________________________________.

/10

2 **Streiche die Fehler an und schreibe die Wörter berichtigt in dein Heft.**

Wissenswertes über den Comic

Nachdem wir im Literatur Unterricht Ausschnitte aus der *Odyssee* von Homer kennengelernt hatten, machten wir uns daran, daraus einen Comic zugestalten. Zuerst mussten wir uns über den Aufbau eines Comics informieren. Dabei wusste ich garnicht, dass es diese Form der Unterhaltung bereits seit dem 19. Jahrhundert gibt. Wenn man selbst einen Comic an fertigen will, sollte man einige Vorüberlegungen anstellen. Zuerst sollte man über legen, welche Figuren in dem Comic vorkommen sollen. Sie sollten einfach zuzeichnen und lustig sein. Dabei ist es naheliegend, auf bekannte Vorbilder zurück zu greifen.

Die Geschichte, die gestaltet wird, sollte bereits in einzelne Bilder eingeteiltsein, das heißt, man überlegt sich, was jedes Bild aus sagen soll. Wenn mehrere Schüler am Comic arbeiten, kann man, um schneller fertigzusein, Text- bzw. Bildspezialisten bestimmen. Dabei muss man jedoch darauf achten, dass alles zusammen passt. Zum Schluss wird alles aufmerksam durch gelesen. Es ist darauf zuachten, dass Text und Bild eine Einheit bilden. Wenn jemand aus einer anderen Gruppe den Comic liest, ist das die beste Kontrolle.

/13

erreichte Punktzahl

/ 23

Klassenarbeit Nr. 2

40 min

1 ***S, ss* oder *ß*?**

Schlo____ Drachenburg

Da____ Versteck eines Drachens ____oll der Berg gewe____en ____ein, auf dem heute Schlo____ Drachenburg bei Königswinter steht. Viele ____agen berichten von den Schandtaten des Untiers und seinem Ende. Die bekannteste ist die vom jungen ____iegfried, der den Drachen mit seinem Schwert tötete. Anschlie____end ____oll er in dem Blut des Drachens gebadet haben und dadurch am ganzen Körper unverwundbar geworden ____ein. Eine andere Legende erzählt, da____ der Drache seinen feurigen Atem gerne gegen vorbeifahrende Schiffe lenkte, bi____ dann eines Tages ein Schie________pulvertran____port vorbeischipperte und der Drache sich selbst in die Luft sprengte.

/15

2 **Unterstreiche die sieben fehlerhaften Wörter und schreibe diese richtig auf.**

a) Letzten Sommer waren wir zum Kamping an der Ostse.

____

b) Manche mögen Makaroni mit Schampignons.

____

c) Nicht zu verachten sind auch Spageti mit Kätchup.

____

d) Obst und Gemüse enthalten viele Vitamiene.

____

/7

3 **Bilde die Pluralformen der einzelnen Wörter.**

a) Zeugnis ____________________ b) Geheimnis ____________________

c) Versäumnis ____________________ d) Globus ____________________

e) Kenntnis ____________________ f) Vorkommnis ____________________

g) Fokus ____________________ h) Rhythmus ____________________

/8

erreichte Punktzahl

/ 30

2 Grammatik

Verben

Arten

Wir unterscheiden Hilfsverben, Vollverben und Modalverben.
Die **Hilfsverben sein**, **haben** und **werden** werden benötigt, um verschiedene Tempusformen bilden zu können.
Die **Modalverben dürfen, können, mögen, müssen, sollen** und **wollen** bezeichnen ein anderes Verb näher.
Hilfsverben und Modalverben werden in der Regel zusammen mit einem Vollverb gebraucht.
Vollverben drücken Vorgänge und Tätigkeiten (singen) oder Zustände (bleiben) aus.

Formen

Verben können gebeugt (finite Verbformen) oder ungebeugt (infinite Verbformen) auftreten.
Finite Verbformen, auch Personalformen genannt, stimmen mit dem Subjekt des Satzes in Person **(1., 2. und 3. Person)** und Numerus **(Singular und Plural)** überein. Ändert sich das Subjekt, so ändert sich auch die Form des Verbs, es wird gebeugt (konjugiert).
er sang, wir sangen
Die infiniten Verbformen sind der **Infinitiv** (die Grundform oder Nennform), das **Partizip I** und das **Partizip II**.
singen, singend, gesungen
Der Infinitiv, die Präteritumsform und das Partizip II bilden die Leitformen. Von ihnen lassen sich alle anderen Konjugationsformen ableiten.
singen, sang, gesungen

Wortbildung

Nach der Art der Wortbildung lassen sich einfache Verben, abgeleitete Verben und zusammengesetzte Verben unterscheiden.

einfaches Verb	lesen – las – gelesen
abgeleitetes Verb	bewundern – bewunderte – bewundert
zusammengesetztes Verb	herkommen – kam her – hergekommen

Konjugation

Nach der Art der Konjugation unterscheiden wir starke, schwache und unregelmäßige Verben.

starkes Verb	rufen – rief – gerufen
schwaches Verb	sagen – sagte – gesagt
unregelmäßiges Verb	haben – hatte – gehabt

Da das abgeleitete Verb bereits ein Präfix besitzt, wird beim Partizip II auf ge- verzichtet. Bei der Beugung von zusammengesetzten Verben können das Grund- und Bestimmungswort auseinandertreten.

Tempus

Es gibt sechs verschiedene **Tempora** (Zeitformen), mit denen man **Gegenwärtiges**, **Zukünftiges** und **Vergangenes** ausdrücken kann.

Tempus	Beispiel	Bildung
Präsens	du singst	Wortstamm des Infinitivs + Personalendung
Präteritum	du sangst	Präteritumsform (2. Leitform) + Personalendung
Perfekt	du hast gesungen	finite Verbform im Präsens von *haben* (oder sein) + Partizip II des Vollverbs
Plusquam- perfekt	du hattest gesungen	finite Verbform im Präteritum von *haben* (oder sein) + Partizip II des Vollverbs
Futur I	du wirst singen	finite Verbform im Präsens von *werden* + Infinitiv des Vollverbs
Futur II	du wirst gesungen haben	finite Verbform im Präsens von *werden* + Partizip II des Vollverbs + *haben* (oder *sein*)

Aktiv + Passiv

Alle Tempusformen können in der Regel im Aktiv und im Passiv gebildet werden.
Das Aktiv zeigt an, dass die Handlung vom Subjekt ausgeht.
Das Passiv drückt aus, dass mit dem Subjekt etwas geschieht.
Aktiv: Der Bauer füttert die Tiere.
Passiv: Die Tiere werden (vom Bauern) gefüttert.
Beim Passiv ist es häufig nicht wichtig zu sagen, wer etwas gemacht hat, sondern was geschehen ist. Deshalb wird der Handlungsträger oft einfach weggelassen (vom Bauern).

Modus

Verben können verschiedene Aussageweisen (Modi) bilden – den **Indikativ** (Wirklichkeitsform), den **Konjunktiv** (Möglichkeitsform) und den **Imperativ** (Befehlsform).

Indikativ	sie redet wir wurden überredet	3. Person Singular Präsens Aktiv 1. Person Plural Präteritum Passiv
Imperativ	Gib! Nehmt!	wird nur im Präsens im Singular oder Plural gebildet
Konjunktiv I	Mein Bruder sagte, er sei müde.	drückt den Wunsch oder die Möglichkeit aus und wird auch zur Wiedergabe der indirekten Rede benötigt
Konjunktiv II	Er wäre gern ein Bär und hielte Winterschlaf.	drückt aus, dass etwas nur vorgestellt, aber nicht wirklich ist

Grundsätzlich wird für die indirekte Rede der Konjunktiv I verwendet. Wenn er sich in der Form nicht vom Indikativ unterscheidet, wird der Konjunktiv II verwendet. Sollte auch dieser sich nicht vom Indikativ unterscheiden oder veraltet klingen, verwendet man die Umschreibung mit *würde*.
Er wäre gern ein Bär und **würde** am liebsten Winterschlaf **halten**.

Der Konjunktiv II wird in der indirekten Rede auch dann verwendet, wenn man sich als Schreiber oder Sprecher von dem distanzieren will, was man in der indirekten Rede widergibt. Der Satz – *Er sagt, er wäre nicht da gewesen,* – drückt also womöglich Zweifel am Wahrheitsgehalt der ursprünglichen Aussage *(Ich war nicht da)* aus.

Satzglieder – die Umstellprobe

Ein Satz besteht immer aus mehreren Satzgliedern. Ein Satzglied erkennt man am einfachsten durch die Umstellprobe. Wortgruppen und Wörter, die bei einer Umstellung des Satzes zusammenbleiben müssen, um die Satzaussage nicht zu verändern, sind Satzglieder.

Am Dienstag hat meine Schwester Geburtstag.
Dieser Satz kann mehrfach umgestellt werden:
Meine Schwester hat am Dienstag Geburtstag.
Geburtstag hat meine Schwester am Dienstag.
Hat meine Schwester am Dienstag Geburtstag?
Dieser Satz besteht also aus den folgenden vier Satzgliedern:

Satzglied	Am Dienstag	hat	meine Schwester	Geburtstag.
Bezeichnung	Adverbial	Prädikat	Subjekt	Objekt

Satzglieder – das Subjekt

Das Subjekt gibt an, *wer* etwas tut bzw. *wer* oder *was* das Geschehen auslöst. Das Subjekt steht immer im 1. Fall (Nominativ) und stimmt in Person und Zahl mit dem Prädikat überein. Nach dem Subjekt fragt man: **Wer** oder **was** …?
Am Dienstag hat meine Schwester Geburtstag.
Wer oder was hat am Dienstag Geburtstag? **Meine Schwester.**
Das Subjekt kann aber auch ein Infinitiv mit *zu* oder ein ganzer Satz (Subjektsatz) sein.
Zu gewinnen ist der Traum aller Olympioniken. Früh übten sich **die Olympiasieger** (Subjekt). Früh übt sich, **wer ein Meister werden will**. (Subjektsatz)

Satzglieder – das Prädikat

Das Prädikat drückt aus, was *getan* wird bzw. was *geschieht.*
Was tut …? Was geschieht …?
Das Prädikat enthält immer eine finite (gebeugte) Verbform, die sich in Person und Zahl nach dem Subjekt richtet.

Zusammen mit dem Subjekt bildet das Prädikat das Grundgerüst des Satzes.
Am Dienstag **hat** meine Schwester Geburtstag.
Das Prädikat kann auch aus mehreren Teilen bestehen.
Am Dienstag **hat** meine Schwester Geburtstag gehabt.

Achtung: Halte Verb (Wortart) + Prädikat (Satzglied) auseinander.

Satzglieder – das Objekt

Das Objekt drückt aus, wen oder was die Handlung betrifft.
Objekte unterscheidet man in:

Genitivobjekt (Objekt im 2. Fall):
Einige haben sich der Stimme enthalten.
Wessen haben sich einige enthalten? **Der Stimme.**

Dativobjekt (Objekt im 3. Fall):
Ihrer Freundin gab meine Schwester eine Geburtstagseinladung.
Wem gab sie eine Geburtstagseinladung? **Ihrer Freundin.**

Akkusativobjekt (Objekt im 4. Fall):
Am Dienstag hat meine Schwester Geburtstag.
Wen oder was hat meine Schwester am Dienstag? **Geburtstag.**

Präpositionalobjekt (Objekt im Dativ oder Akkusativ, das mit einer Präposition an das Prädikat gebunden ist):
Mit einer Freundin bereitet meine Schwester die Party vor.
Mit wem bereitet meine Schwester die Party vor? **Mit einer Freundin.**

Auch Sätze können Objekte sein, man bezeichnet diese Gliedsätze als **Objektsätze.**
Meine Schwester zeigte mir, dass sie alles für die Party vorbereitet hat.
Wen oder was zeigte mir meine Schwester? **Dass sie alles für die Party vorbereitet hat.**

Satzglieder – das Adverbial

Adverbiale geben die näheren Umstände zu einem Geschehen an.
Die wichtigsten Adverbiale sind:

Temporalbestimmung (Zeit): In zwei Stunden beginnt die Party.
Wann beginnt die Party? **In zwei Stunden.**

Lokalbestimmung (Ort): Im Partykeller ist alles bereit.
Wo ist alles bereit? **Im Partykeller.**

Modalbestimmung (Art und Weise): Rasch füllt sich die Tanzfläche.
Wie füllt sich die Tanzfläche? **Rasch.**

Kausalbestimmung (Grund): Wegen des Lärms holten die Nachbarn die Polizei.
Warum holten die Nachbarn die Polizei? **Wegen des Lärms.**

Adverbialsätze

Nicht nur einzelne Wörter, sondern auch ganze Sätze können Adverbiale sein. Diese Gliedsätze bezeichnet man als **Adverbialsätze**.
Adverbial: Geschlossen, **wegen Umbau**. (Kausal)
Adverbialsatz: Geschlossen, **weil wir umbauen**. (Kausalsatz)
Adverbialsätze bestimmen die Aussage des Hauptsatzes näher. Man unterscheidet verschiedene Arten von Adverbialsätzen. Man bestimmt Adverbialsätze, indem man nach ihnen fragt. Außerdem sind sie häufig am Einleitewort erkennbar.

Satzglieder – das Attribut

Attribute geben genauere Auskunft über das Wort, auf das sie sich beziehen (Beziehungswort/Bezugswort).
Geburtstagsparty – erste Geburtstagsparty
Bei der Umstellprobe können Attribute nur gemeinsam mit anderen Satzgliedern verschoben werden. Daher sind Attribute keine selbstständigen Satzglieder, sondern ein **Satzgliedteil.**
Am Dienstag feiert meine Schwester ihre erste Geburtstagsparty.
Meine Schwester feiert am Dienstag ihre erste Geburtstagsparty.
Ihre erste Geburtstagsparty feiert meine Schwester am Dienstag.
Erste Geburtstagsparty lässt sich nicht trennen. **Erste** ist das Attribut zu **Geburtstagsparty**. Man kann fragen:
Was für eine Geburtstagsparty feiert deine Schwester? – Ihre **erste.**

üben

Test 1: Verbformen – Tempus

1 **Unterstreiche alle Verbformen im Text.**

Die Weiber zu Weinsberg

Als König Konrad III. im Jahr 1140 den Herzog Welf geschlagen hatte und Weinsberg belagerte, machten die Weiber der Belagerten für die Übergabe der Stadt folgende Bedingung aus: Eine jede sollte auf ihren Schultern mitnehmen dürfen, was sie tragen konnte. Der König gönnte das den Weibern.

Da ließen sie all ihr Hab und Gut stehen, und eine jegliche nahm ihren Mann auf die Schulter und trug den aus der Stadt. Da des Königs Leute das sahen, sprachen ihrer viele, das wäre die Meinung nicht gewesen, und wollten das nicht gestatten. Der König aber lächelte über den listigen Anschlag der Frauen. „Ein königlich Wort", rief er, „das einmal gesprochen und zugesagt ist, soll unverändert bleiben."

2 **Bilde die fehlenden Leitformen.**

Infinitiv	Präteritum	Partizip II
	belagerte	
mitnehmen		
		gewesen
tragen	trug	
		geschlagen
	konnte	

3 **Unterstreiche die Verbformen in den gegebenen Sätzen und bestimme sie nach Person, Numerus und Tempus.**

a) Wir werden uns beeilen müssen.

____

b) Max verpasst seinen Zug.

____

c) Er wartete zu lange auf seinen Freund.

____

d) Die beiden hatten sich schon lange auf den gemeinsamen Ausflug gefreut.

____

Test 2: Verbformen – Genus und Modus

üben

1 **Setze in die Inhaltsangabe alle fehlenden Verbformen im Aktiv ein.**

erwidern ▪ betrügen ▪ kommen ▪ sich ereignen ▪ verlieren ▪ aussetzen ▪ zurückgeben ▪ behaupten ▪ durchschauen ▪ bestrafen ▪ fällen ▪ beauftragen ▪ nehmen

In der Geschichte *Der kluge Richter* von Johann Peter Hebel geht es darum, dass ein Richter einen Mann ____________, der aus Habgier ____________. Folgendes ____________________: Ein reicher Mann ____________ ein Tuch mit einer großen, darin eingenähten Geldsumme ____________. Deshalb ____________ er einen Finderlohn von 100 Talern ____________ und ein ehrlicher Finder ____________ und ____________ ihm das Geld ____________. Der Besitzer des Geldes ____________ jedoch, es befänden sich nur 700 statt der verlorenen 800 Taler im Tuch, sodass der Finder seine Belohnung bereits herausgenommen habe. Dieser ____________, dass er nichts am Tuch verändert habe. Der hinzugerufene Richter ____________ die Absicht des Reichen und ____________ eine kluge Entscheidung. Er ____________ die Aussagen der beiden Streitenden für wahr und ____________ den Finder, das Tuch aufzubewahren, bis derjenige gefunden sei, der statt der 800 Taler nur die vorhandenen 700 verloren habe.

2 **Vervollständige die Sätze der Inhaltsangabe und forme sie dabei ins Passiv um.**

Ein reicher Mann, der aus Habgier betrogen hat, ____________ (bestrafen). Das Tuch mit dem Geld __________________ und __________________ (finden ▪ zurückbringen). Eine Einigung ________________________ (nicht erreichen können). So _________ eine Entscheidung durch den klugen Richter _________ (fällen).

3 **Unterstreiche die Verbformen und bestimme ihren Modus.**

	Indikativ	Imperativ	Konjunktiv
Bernd hilft seinem Bruder.	☐	☐	☐
Komm zu mir!	☐	☐	☐
Wir wurden über die Zugverspätung informiert.	☐	☐	☐
Wir wären gern früher gekommen.	☐	☐	☐

über

Test 3: Subjekt und Prädikat

1 Unterstreiche die Subjekte schwarz und Prädikate blau.

Zwergkaninchen müssen sich in ihrem Käfig wohlfühlen. Damit dieses Ziel erreicht wird, sollten folgende Hinweise beachtet werden. Auf den Käfigboden kommt eine 5–7 cm dicke Schicht Kleintierstreu. Darüber sollte eine dichte Lage Stroh, in die sich die Zwergkaninchen gerne einkuscheln, gestreut werden. Heu ist eine wichtige Nahrungsquelle für die Kaninchen. Es sollte am besten in einer Raufe angeboten werden. Auch sauberes und frisches Wasser muss den Zwergkaninchen immer in ausreichender Menge zur Verfügung stehen. Das Futter wird am besten in einen glasierten Napf aus Steingut gefüllt, denn solche Näpfe können die Kaninchen nicht so leicht umwerfen.

2 Setze die Verben als Prädikate in der richtigen Form ein.

hoppeln ▪ müssen beachten ▪ werden ▪ beschränken ▪ sollen haben ▪ gehen ▪ setzen ▪ sein ▪ werden schützen ▪ müssen aufbauen ▪ haben gegraben

Kaninchen ____________ gern auf Wiesen. Aber bevor es ins Freie ____________, ____________ der Besitzer einige Vorsichtsmaßnahmen ____________. Zunächst ____________ man ein Gehege ____________, damit ____________ der Auslauf der Kaninchen ____________ und sie ____________ vor Gefahren ____________. Du ____________ Sichtkontakt zu den Zwergen ____________. Am besten ____________ du die Tiere dann ins Gehege, wenn du auch im Garten ____________. Schon manches Zwergkaninchen ____________ sich ohne Aufsicht unter dem Gehegegitter hindurch ____________.

3 Unterstreiche in Aufgabe 2 die Subjekte und verbinde sie durch einen Pfeil mit dem dazugehörigen Prädikat.

Test 4: Objekt, Adverbial und Attribut

1 **Unterstreiche und bestimme in den folgenden Sätzen die Objekte.**

a) Jedes Kaninchen benötigt frisches und sauberes Trinkwasser.

____

b) Man sollte nicht versuchen, Kaninchen mit Milch aufzuziehen.

____

c) Im Frühjahr und Sommer muss man den Kaninchen frische Gräser und Kräuter anbieten. ______________________________

d) Das Fell der Kaninchen sollte regelmäßig mit einer entsprechenden Bürste gepflegt werden. ______________________________

e) Wenn man das Kaninchen regelmäßig streichelt, zeigt das dem Tier, dass man es gern hat. ______________________________

2 **Vervollständige die folgenden Sätze, indem du die geforderten Satzglieder ergänzt.**

a) [Temporalbestimmung] läuft er [Lokalbestimmung] [Präpositionalobjekt.]

[ ] läuft er [ ]

[ ]

b) [Modalbestimmung] ertaste ich [Akkusativobjekt] [Präpositionalobjekt].

[ ] ertaste ich [ ]

[ ]

c) [Temporalbestimmung] geht Oma [Präpositionalobjekt] einkaufen.

[ ] geht Oma [ ]

einkaufen.

d) [Modalbestimmung] pflückte sie [Akkusativobjekt].

[ ] pflückte sie [ ]

e) [Präpositionalobjekt] kam er [Temporalbestimmung] [Lokalbestimmung] an.

[ ] kam er [ ]

[ ] an.

Klassenarbeit Nr. 3

60 min

1 **Unterstreiche die Teilsätze, in denen das Geschehen vorzeitig, also vor dem anderen, abläuft.**

Unsere Freunde holten uns von zu Hause ab, wie wir es vereinbart hatten.

Nachdem der Regen nachgelassen hat, können wir draußen weiter feiern.

Während die einen den Grill aufstellen, sorgen die anderen für die Musik.

/2

2 **Berichtige die Verbformen im falschen Tempus und schreibe die berichtigten Sätze auf.**

a) Als ich die Tür aufmache, stelle ich fest, dass es plötzlich schneite.

____

____

b) Wenn ich das Buch auslese, bekommst du es sofort zurück.

____

____

c) Wir haben einen Knall gehört, darum guckten wir aus dem Fenster.

____

____

/4

3 **Unterstreiche und nummeriere alle Verbformen und bestimme sie nach Person, Numerus, Tempus, Modus und Genus.**

Kyffhäuser

„Wenn des Kaisers Bart dreimal um den Tisch gewachsen ist, dann wird er wieder aus dem Berg herauskommen, und alles wird gut werden." So heißt es in der Sage vom Kaiser Barbarossa, der im 12. Jahrhundert lebte und von dem die Leute glaubten, dass er nicht gestorben sei, sondern im Berg Kyffhäuser weitergelebt habe. *Barbarossa* ist ein italienischer Name und bedeutet einfach nur *Rotbart*.

____

____

____

____

/10

4 **Im weiterführenden Text sind viele Verbformen falsch. Streiche sie durch und schreibe den Text mit den richtigen Verbformen in dein Heft.**

Viele Jahre nach Kaiser Rotbart wird es in Deutschland wieder einen Kaiser mit Bart geben – einem weißen allerdings. Wilhelm I. hatte er geheißen, und er wird seinem berühmten Vorgänger ein Denkmal auf dem Kyffhäuser errichten lassen. Der Weg hinauf zum Denkmal führte vorbei an den Überresten der alten Burg Kyffhausen. Das ist eine riesige Anlage aus mehreren Einzelburgen gewesen. Es wird dort heute ein interessantes Burgmuseum und den tiefsten Burgbrunnen Deutschlands zu sehen geben. Interessante Ausgrabungen hatte auch die Königspfalz Tilleda gezeigt, die am Fuß des Kyffhäuser lag.

/8

5 **Wandle die Aussagen in die indirekte Rede um und schreibe sie auf. Verwende den Konjunktiv.**

Anna: „Wir sind gestern gut in der Jugendherberge angekommen. Leider hat es in Strömen geregnet. Aber das Wetter soll besser werden. Dann werden wir viel Spaß haben."

____

____

____

____

____

/4

6 **Unterstreiche in den folgenden Sätzen die Objekte und bestimme sie.**

a) Zwergkaninchen eröffnen den Kindern ein breites Betätigungsfeld.

____

____

b) Franziska und Laura beschäftigen sich mit ihren Kaninchen.

____

____

c) Die Kinder sollten sich der zeitlichen Belastung bewusst sein.

____

____

____

/4

erreichte Punktzahl

/ 32

verstehen

3 Zeichensetzung

Satzende

Das Satzende wird durch ein Satzschlusszeichen markiert. Man unterscheidet:
- **Aussagesatz,** er endet mit dem Punkt (finites Verb an 2. Stelle):
  Es gibt viele Sagen.
- **Fragesatz,** er endet mit dem Fragezeichen (finites Verb am Satzbeginn oder nach dem ersten Satzteil):
  Kennst du eine Sage? Welche Sagen kennst du?
- **Aufforderungssatz,** er endet mit dem Ausrufezeichen (Imperativform des Verbs am Satzbeginn):
  Erzähle eine Sage!

Verbundene Hauptsätze (Satzreihe)

Als Hauptsätze bezeichnet man Sätze, die auch allein stehen können. Man erkennt sie daran, dass sie ein Subjekt und ein Prädikat aufweisen. Das finite Verb findet man in Hauptsätzen an zweiter Stelle. Einen zusammengesetzten Satz aus zwei oder mehreren Hauptsätzen nennt man eine Satzreihe. Die einzelnen Hauptsätze einer Satzreihe werden durch ein Komma getrennt.
Wenn zwei Hauptsätze durch **und, oder, beziehungsweise, entweder – oder, weder – noch** miteinander verbunden sind, kann man ein Komma setzen (zur besseren Übersichtlichkeit des Satzes), man muss es aber nicht.
Du **magst** Heldensagen aus der Antike, ich **liebe** die Heimatsagen.
Ich **lese** zu Hause(,) und du **fährst** in die Bibliothek.
Aber:
Ich **bleibe** zu Hause und **lese** in meinem Sagenbuch.
Kein Komma, da der zweite Teil des Satzes nicht vollständig ist, es fehlt das Subjekt.

Verbindung aus Haupt- und Nebensatz (Satzgefüge)

Im Unterschied zum Hauptsatz erkennt man den Nebensatz daran, dass das finite Verb am Satzende zu finden ist. Einen zusammengesetzten Satz aus einem Hauptsatz (HS) und einem oder mehreren Nebensätzen (NS) nennt man ein Satzgefüge. Die Sätze werden durch Komma getrennt.
Er **liebte** die Sage (HS), in der die Abenteuer des Odysseus beschrieben **wurden** (NS).
Ein Nebensatz kann auch in einen Hauptsatz eingeschoben sein. Dann wird vor Beginn und am Ende des Nebensatzes ein Komma gesetzt.
Er **las** (HS 1. Teil), während sein kleiner Bruder **schlief** (NS), von den Abenteuern des griechischen Helden (HS 2. Teil).

Infinitiv- und Partizipgruppen – die wichtigsten Regeln

Wortgruppen mit einem Infinitiv mit *zu* oder einem Partizip können, müssen aber oft nicht durch ein Komma innerhalb des Satzes abgesetzt werden.
Franziska hatte geplant(,) zur Odyssee einen Comic zu **gestalten**.
Ein Komma muss allerdings gesetzt werden, wenn die Infinitivgruppe mit **um, ohne, anstatt**, **als** oder **außer** eingeleitet wird.
Sie gingen, ohne sich vom Gastgeber zu verabschieden.
Ein Komma ist sinnvoll, wenn es zu Missverständnissen über die Satzaussage kommen kann. Verändert ein Komma (je nach Position) die Satzaussage, muss es gesetzt werden.
Wir raten, ihm **zu gehorchen**.
Oder: Wir raten ihm, **zu gehorchen**.

Direkte Rede

Vor und hinter wörtlich wiedergegebenen Äußerungen (direkte Rede) stehen Anführungszeichen.
Florian sagte zu Laura: „Lies mir bitte diese Geschichte vor."
Wenn nach der direkten Rede ein Redebegleitsatz folgt, setzt man nach dem Anführungszeichen ein Komma.
„Ich kann noch nicht so gut lesen", begründete Florian seine Bitte.
Wird eine direkte Rede unterbrochen, so setzt man die einzelnen Redeteile in Anführungszeichen und vor und nach dem Redebegleitsatz setzt man ein Komma.
„Ich habe jetzt keine Zeit", sagte Laura, „aber wenn ich meine Hausaufgaben gemacht habe, dann lese ich dir vor."
Satzzeichen stehen innerhalb der Anführungszeichen, wenn sie zum wörtlich wiedergegebenen Text gehören.
Die wörtliche Rede wird nicht mit einem Punkt beendet, wenn ein Redebegleitsatz mit einem Komma angeschlossen ist.

Aufzählung

Aufzählungen in einem Satz werden durch Kommas getrennt, wenn sie nicht durch **und, sowie, beziehungsweise, oder, weder, noch** verbunden sind.
Florian lädt zu seinem Geburtstag Anton, Hannes, Marie und Greta ein.

üben

Test 1: Infinitiv- und Partizipgruppen

1 **Suche die Infinitiv- und Partizipgruppen (also Wortgruppen mit einem Infinitiv mit *zu* oder einem Partizip) heraus und unterstreiche diese.**

a) Auf dem blutigen Schlachtfeld vor den Toren Trojas hatte Odysseus nur das Ziel, Troja zu besiegen, um bald nach Hause zurückzukehren.

b) Er nahm sich vor, den Sieg durch List zu erreichen.

c) Um nach Hause zu kommen, musste Odysseus viele Abenteuer bestehen.

d) Mit dem Schwert und dem Beistand der Götter kämpfend, eroberte er sich sein Heim zurück.

2 **Suche aus den folgenden Sätzen die Infinitiv- und Partizipgruppen (also Wortgruppen mit einem Infinitiv mit *zu* oder einem Partizip) heraus und unterstreiche diese. Setze anschließend die Kommas. Begründe deine Entscheidung.**

a) Ein Glas in der Hand haltend stand er in der Tür.

___

b) Etwas Besseres als eine Reise zu gewinnen konnte nicht passieren.

___

c) Ohne zu überlegen machte sich Franziska an die Erledigung ihrer Hausaufgaben.

___

d) Florian spielte anstatt zu schlafen in seinem Zimmer.

___

e) Laura spielte jede Torchance verwandelnd ein erfolgreiches Turnier.

___

f) Mit seiner Kraft und Leistungsbereitschaft hat das Pferd den Menschen geholfen Felder zu bestellen Mühlsteine zu bewegen und große Entfernungen zurückzulegen.

___

Test 2: Direkte Rede

üben

1 **Im folgenden Text fehlen die Zeichen der direkten Rede. Setze die entsprechenden Zeichen ein.**

Ein Mann reitet auf seinem Esel nach Haus und lässt seinen Buben zu Fuß nebenherlaufen. Da kommt ein Wanderer und sagt ___ Das ist nicht recht, Vater, dass Ihr reitet und lasst Euern Sohn laufen; Ihr habt stärkere Glieder. ___ Da stieg der Vater vom Esel herab und ließ den Sohn reiten. ___ Das ist nicht recht, Bursche, dass du reitest und lässest deinen Vater zu Fuß gehen. Du hast jüngere Beine ___ sagte ein weiterer Wandersmann. Da saßen beide auf und ritten eine Strecke. ___ Was ist das für ein Unverstand ___ sagte ein dritter Wanderer ___ zwei Kerle auf einem schwachen Tiere; sollte man nicht einen Stock nehmen und euch beide hinabjagen? ___ Da stiegen beide ab und gingen zu Fuß, rechts und links der Vater und Sohn und in der Mitte der Esel. Kommt ein vierter Wandersmann und sagt ___ Ihr seid drei kuriose Gesellen. Ist es nicht genug, wenn zwei zu Fuß gehen? Geht es nicht leichter, wenn einer von euch reitet? ___ Da band der Vater dem Esel die vorderen Beine zusammen, zogen einen starken Baumpfahl durch, der an der Straße stand und Sohn und Vater trugen den Esel auf der Achsel heim.

So weit kann es kommen, wenn man es allen Leuten recht machen will.

Johann Peter Hebel: Schatzkästlein des rheinischen Hausfreundes. Reclam 1999

2 **Erkennst du die Sätze und die wörtlichen Reden? Schreibe den Text mit Satzschlusszeichen und den Zeichen der wörtlichen Rede.**

einmal ging Eulenspiegel in Erfurt zu den Marktständen, wo Fleisch angeboten wurde da sprach ihn ein Metzger an willst du nicht etwas mitnehmen Eulenspiegel fragte was soll ich mitnehmen der Metzger meinte nimm einen Braten mit Eulenspiegel nahm einen Braten und ging davon der Metzger lief ihm nach und rief halt du musst den Braten bezahlen

üben

Test 3: Hauptsatz und Nebensatz

1 **Unterstreiche in allen Sätzen die finite Verbform und setze die fehlenden Kommas. Kommas, die man setzen kann, aber nicht muss, bitte in Klammern setzen. Hier eine kleine Hilfe: Es fehlen 14 Kommas im Text.**

Die beiden Maultiere

Zwei Maultiere wanderten mit schweren Lasten dahin. Das eine trug einen Korb der mit Goldstücken gefüllt war das andere aber trug einen Sack voll Gerste. Das Maultier das das Gold trug kam stolz daher warf den Kopf zurück streckte den Hals vor und die Glocke an seinem Hals tönte laut. Das andere Maultier aber folgte gelassen. Plötzlich sprang eine Räuberbande hinter den Felsen hervor. Die Maultierführer und die Räuber kämpften erbittert miteinander zum Schluss aber ritten die Räuber mit dem Gold davon. In dem Gefecht und dem Durcheinander war das erste Maultier verwundet worden. Das zweite Maultier dessen Last Gerste die Räuber nicht im geringsten interessiert hatte hatte sich zurückgehalten. Sobald alles wieder still war kam es heran. „Es tut mir leid dass du verletzt bist" sagte es zu dem verwundeten Maultier. „Als wir losgingen habe ich dich um deine wertvolle Last beneidet. Aber nun bin ich froh dass ich nur Gerste zu tragen habe. Denn du hast alles verloren und mir ist nichts geschehen. Komm ich helfe dir weiter."

Johann Peter Hebel: Schatzkästlein des rheinischen Hausfreundes. Reclam 1999

2 **Suche aus dem Text je eine Satzreihe und ein Satzgefüge heraus und schreibe sie in folgende Tabelle.**

Satzreihe	Satzgefüge

Test 4: Zusammenfassung

üben

1 **Unterstreiche die finiten Verbformen und setze die fehlenden Kommas.**

Es war nicht gerade ein Meisterstück das drei Autodiebe vollbrachten. Die jungen Männer scheiterten an ihrer eigenen Dummheit. Ein Zeuge beobachtete das Trio wie es vom Hof eines Gebrauchtwagenhändlers einen Ford stehlen wollte. Als die alarmierte Polizei ankam war der Wagen schon weg. Aber er war noch nicht weit denn den Dieben war nach ein paar hundert Metern der Sprit ausgegangen sodass sie schieben mussten.

2 **Schreibe den Text berichtigt auf.**
Achte auf die Satzanfänge und die fehlenden Satzzeichen.

Der Vegetarier

der räuberische Fuchs der sich am liebsten von Hühnern und Hasen ernährt ließ im Tierreich verbreiten dass er von nun an nur noch auf Pflanzenkost schwöre der Löwe sandte Kundschafter aus die überprüfen sollten ob das Gerücht auf Wahrheit beruhe auf den Gemüsebeeten im Garten vor der Höhle des Fuchses fanden die Boten Gemüse in reichlicher Menge der Fuchs aber ruhte satt und fett auf dem sonnigen Vorplatz seiner Behausung scheinheilig versicherte er dass ihm Pflanzennahrung sehr gut bekomme aber er beschimpfte grässlich die Hasen dass sie sein Eigentum nicht achten würden jede Nacht stehlen sie meine Weißkohlblätter und Möhren die ich in wochenlanger Arbeit gepflanzt und gepflegt habe und die ich nun ernten will ich fange jeden Tag zwei Hasen um die anderen zu lehren, dass sie Gartendiebstähle künftig meiden, doch bisher kamen sie stets in der nächsten Nacht wieder ich bin geduldig und gebe die Hoffnung dass ich sie erziehe nicht auf

Deutsche Fabeln des 18. Jahrhunderts. Auswahl und Nachwort: Manfred Windfuhr. Reclam

3 **Der folgende Text ist stilistisch nicht gelungen. Verknüpfe die Hauptsätze zu Satzgefügen und Satzreihen, sodass sich der Stil verbessert. Schreibe in dein Heft.**

Der Judosport entwickelte sich aus der japanischen Kampfkunst des Jiu-Jitsu.
Dem liegen die Kampftechniken der Samurai im aristokratischen Japan des 4. bis 12. Jahrhunderts zugrunde.
Jiu-Jitsu bedeutet übersetzt in etwa „sanfte Kunst".
Es enthält neben Wurftechniken auch Schlag- und Tritt-, sowie tödliche Techniken.
In der Edo-Zeit zwischen 1603 und 1868 entwickelten sich in Japan mehrere verschiedene Schulen.
Jede Schule praktizierte unterschiedliche Stile des Jiu-Jitsu.
1868 drohten jedoch die Kampfkünste in Vergessenheit zu geraten.
Der Grund war die Öffnung Japans für andere Länder.
Die Kampfkünste galten als altmodisch und rückständig.
Jigoro Kano suchte nach den grundlegenden Prinzipien dieser Techniken.
So schuf er den Begriff des Judo.
Judo bedeutet „der sanfte Weg" beziehungsweise „der Weg des Nachgebens".
1882 legte Kano die ersten 40 Grundwürfe des Judo fest.
Im gleichen Jahr gründete Kano seine eigene Schule.
Das Kodokan wurde zur zentralen Verbreitungsstelle von Kanos neuer Lehre.
Kodokan heißt übersetzt „Haus zum Erlernen des Weges".
Es gibt bis heute die Richtlinien des Judos nach Kanos Willen vor.
Im Mittelpunkt von Kanos Lehre standen zum einen das gegenseitige Helfen und Unterstützen.
Zum anderen stand im Mittelpunkt von Kanos Lehre aber auch eine besondere Ehrerbietung gegenüber dem Meister.

1 Untersuche den folgenden Text.

a) Rahme die finiten Verbformen ein.
b) Setze die fehlenden Kommas.
c) Schreibe mindestens je ein Satzgefüge und eine Satzreihe heraus.

Mit 14 Jahren um die Welt?

Mit 14 geht es meistens in den ersten eigenen Urlaub an die Ostsee, an den Balaton oder nach Spanien. Laura Dekker aus den Niederlanden reicht das nicht aus. Sie will den Rekord. Als jüngster Mensch überhaupt will sie die Welt umsegeln. [...]

Als sie ihren Entschluss fasste zur großen Reise aufzubrechen war Laura Dekker erst 13. Seitdem sind gut sechs Monate vergangen und noch immer konnte sie nicht in See stechen. Das Familiengericht in Utrecht hatte es ihr verboten und sie gleichzeitig der Obbhut ihrer Eltern entzogen denn die wollten ihr die Weltumsegelung erlauben. Zu Recht?

Laura wurde auf Anweisung des Gerichtes mehrfach durchgecheckt.

Physisch und psychisch sei sie auf dem Level eines normalen Teenagers heißt es in den Berichten der Experten. [...]

Geld, Erfahrung und Mut sind wahrscheinlich die drei wichtigsten Dinge die man braucht um eine Weltreise zu machen. [...] Den Rekord den Laura brechen will hält derzeit der 17-Jährige Kalifornier Zac Sunderland. Und noch eine harte Konkurrentin ist im Rennen: Jessica Watscon, 16 ist vor kurzem in Australien gestartet und greift nach dem Rekord.

Ist es verantwortungsbewusst sein Kind solchen Gefahren auszusetzten?

Mit 15 auf den Mount Everest, wie die Nepalesin Mingkipa oder mit 13 jüngster Apnoetaucher, wie Andreas Güldner. Ob nun Weltumsegelung, Bergbesteigung oder Luftanhalten deluxe – es gibt schon außergewöhnliche Jugendliche und nicht allen hat man verboten ihre Begabung auszuleben. Oder sollte man sagen nicht allen hat man verboten sich in Lebensgefahr zu begeben.

Satzgefüge:

____

____

____

____

____

____

Satzreihe:

____

____

____

____

____

____

/37

2 **Setze im folgenden Text die fehlenden Satzzeichen und unterstreiche alle Nebensätze.**

Bankräuber stellte sich an der Kasse brav hinten an

Ordnung muss sein Brav hat sich ein maskierter Bankräuber in München an der Kasse angestellt und gewartet bis er an die Reihe kam. Erst dann richtete der Täter seine Pistole auf die 21-jährige Kassiererin berichtete die Polizei am Freitag. Die Höflichkeit des Bankräubers hatte allerdings ein Ende als die junge Frau auf seine wortlose Geste nicht reagierte. Geht das nicht ein bisschen schneller? fauchte er durch die schwarze Maske mit Sehschlitzen. Dem Mann gelang es ungehindert mit 12500 Euro das Weite zu suchen.

/8

können

3 **Der folgende Text enthält weder Wort- noch Satzgrenzen. Schreibe ihn in der korrekten Groß- und Kleinschreibung in dein Heft und ergänze alle fehlenden Satzzeichen.**

dasschlossindemdornröschenschliefwardersagenachdiesababurgim
reinhards waldlangezeitwarsieeineruineundwieimmärchenranktesich
umwaldundschlosseinedichtedornenheckeeswirderzähltdiebrüder
grimmseienaufihrenwanderschaftenhiervorbeigekommenundeinealte
fraudieamrandedesreinhardswaldeswohntehätteihnendiegeschichte
vomdornröschenerzählt

/31

erreichte Punktzahl

/ 76

4 Sachtexte

Arten von Sachtexten

Sachtexte begegnen uns alltäglich: im Unterricht, in Zeitungen und Zeitschriften, im Internet. Sie unterscheiden sich von literarischen Texten dadurch, dass ihre Autoren entweder über ein bestimmtes Thema informieren wollen **(informierender Sachtext)** oder einen Standpunkt zu einem Problem darstellen wollen **(argumentierender Sachtext)**.

Untersuchung informierender Sachtexte

Bei der Untersuchung informierender Sachtexte geht es vor allem darum, den Informationsgehalt des Textes zu erfassen. Hierbei sollen die **Hauptinformation** und der **Gedankengang** des Textes erschlossen werden. Dazu werden verschiedene **Lesetechniken** benötigt.

Vom vollständigen Lesen eines Textes unterscheiden wir das **orientierende (überfliegende) Lesen** und das **aufsuchende (selektive) Lesen.**
Beim orientierenden Lesen kommt es darauf an, sich zügig einen Überblick zu verschaffen und den Sinn des Textes zu erfassen. Dabei achtet man auf vorhandene Teilüberschriften. Manchmal sind Texte auch durch Tabellen und Grafiken ergänzt, dann ist auf diese besonders zu achten.
Beim aufsuchenden Lesen liest man den Text unter einem bestimmten Gesichtspunkt genauer, um z. B. eine Antwort auf eine gestellte Frage zu erhalten.
Dabei muss man die Aufgabenstellung genau durchdenken, den Text durchlesen und aus jedem Abschnitt die Informationen heraussuchen, die Aussagen zu dem gegebenen Gesichtspunkt enthalten. Diese können wörtlich oder in Form von Stichpunkten aufgeschrieben werden.

Hauptinformation und Gedankengang

Die Hauptinformation eines Textes ist der wesentliche Inhalt, der sogenannte Kern der Mitteilung.
Die Hauptinformation kann an mehreren Stellen des Textes, manchmal auch nur in einem einzelnen Satz oder in der Überschrift enthalten sein.

Wenn man den Gedankengang eines Textes erfassen will, muss man den Aufbau des Textes untersuchen. Dazu prüft man zunächst, ob die äußere Einteilung in Absätze mit den Sinnabschnitten übereinstimmt. Wenn nicht, markiert man den Beginn neuer Abschnitte.

Um den Gedankengang eines Textes darzustellen, notiert man den Inhalt der Abschnitte stichpunktartig. Danach kontrolliert man die Stichpunkte noch einmal anhand des Textes und ergänzt gegebenenfalls.
Informierende Texte gehen häufig von Beispielen aus und führen zu einer Schlussfolgerung oder eine zusammenfassende Aussage wird mit Beispielen belegt.
Elemente argumentierender Texte sind Thesen, Argumente als Begründung sowie Beispiele.

Untersuchung argumentierender Sachtexte

In diesen Texten werden Wertungen und Meinungen formuliert.
Wichtig ist, dass man diese von den reinen Sachinformationen unterscheidet.
Der Autor kann seinen Standpunkt direkt ausdrücken. Oft jedoch sind Meinungen und Wertungen nur indirekt erkennbar und müssen durch den Sinnzusammenhang erschlossen werden.

Direkte Meinungsäußerungen

Man erkennt direkte Meinungsäußerungen an folgenden Besonderheiten.
Einleitungen, wie: *Ich finde/meine/denke, dass ... Meiner Meinung nach ...*
Kommentare, wie: *Das gefällt mir. Ich bin beeindruckt. Das enttäuscht mich sehr. ... ist von großer Bedeutung.*
Wertende Ausdrücke, wie: *angeblich, scheinbar, sogenannt*
Distanzierende Wendungen, wie: *Sie behaupten, dass ... Er will nicht gewusst haben, dass ...*

Indirekte Meinungsäußerungen

Indirekte Meinungsäußerungen sind zum Beispiel an folgenden Auffälligkeiten zu erkennen.

Aufbau des Textes sowie Auswahl und Anordnung der Fakten
Eine Argumentation beginnt eigentlich immer mit dem schwächsten Argument und endet mit dem stärksten. Hieran erkennt man also, was für den Autor am wichtigsten ist.

Auslassung bestimmter Aspekte eines Sachverhalts
Ironisch-spöttische Darstellungsweise
Diese ist häufig am schwierigsten zu erkennen und man muss kritisch fragen, meint der Autor wirklich alles so, wie er es sagt, oder meint er nicht vielleicht doch genau das Gegenteil! Das hast du ja wirklich toll gemacht!

üben

Test 1: Lesetechniken (I)

1 **Überfliege den Text und formuliere eine passende Überschrift.**

Sagen sind zunächst mündlich weitergegebene kurze Erzählungen, die bereits aus der Frühzeit der Völker stammen. Die Menschen hatten von jeher das Bedürfnis, Naturereignisse zu erklären und historische Vorgänge festzuhalten und weiterzuvermitteln.

Sagen sind durch typische Merkmale charakterisiert. So geschehen in ihnen wie im Märchen wunderbare und phantastische Dinge. Sie nehmen oft auf ein reales vergangenes Geschehen oder eine landschaftliche Gegebenheit Bezug, zumindest erwecken sie den Anschein und liefern konkrete Angaben zu Ort, Zeit und historischen Personen. Das phantastische Geschehen soll durch Zeugnisse von Personen oder durch Spuren in der Landschaft oder an Gebäuden beglaubigt werden.

Sagen zeichnen sich durch ein einfaches Erzählschema aus, die Handlung ist einsträngig, das Geschehen konzentriert sich auf einen Helden oder eine feste Gruppe von Menschen.

Nach: Sagen. Duden und paetec, Basiswissen Schule, Literatur. Mannheim und Berlin, 2007, S. 93f

Überschrift: ______________________________

2 **Kreuze an, um welche Textart es sich handelt.**

- ☐ informierender Sachtext
- ☐ argumentierender Sachtext

3 **Untersuche den Aufbau des Textes.**

a) Finde zu jedem Absatz eine passende Teilüberschrift.

Absatz 1: ______________________________

Absatz 2: ______________________________

Absatz 3: ______________________________

b) Fasse nun den wesentlichen Inhalt jedes Abschnittes in Stichpunkten zusammen.

Absatz 1: ______________________________

____

____

____

____

Absatz 2: ____

____

____

____

____

Absatz 3: ____

____

____

4 Zu welchen Fragestellungen gibt der Text Antwort? Kreuze an.

- ☐ Wie wurden Sagen überliefert?
- ☐ Wann entstanden die ersten bedeutenden Sagensammlungen?
- ☐ Welche bekannten Persönlichkeiten haben Sagen gesammelt?
- ☐ Welche Merkmale haben Sagen?
- ☐ Wie sind Sagen aufgebaut?
- ☐ Welche verschiedenen Arten von Sagen gibt es?
- ☐ Welcher Unterschied besteht zwischen Sagen und Märchen?

Test 2: Lesetechniken (II)

üben

1 **Lies den Text und entscheide, welche der gegebenen Überschriften die passendste ist.**

- ☐ Über die Entstehung und Verbreitung von Sagen
- ☐ Die deutsche Märchenstraße
- ☐ Die Rolle der Sage in der Geschichte

Götter- und Heldensagen der Antike, wie z. B. die griechische Troja-Sage gehören zu den ältesten Sagentypen. Auch im deutschen Sprachraum entwickelte sich mit Herausbildung des Feudalismus die historische Sage oder Heldensage, wie zum Beispiel das Nibelungenlied und das Hildebrandslied. Im 18. Jahrhundert wurden die Wurzeln nationaler Identität von den Aufklärern und Romantikern vor allem auch in den literarischen Volksüberlieferungen wie Märchen, Legenden, Sagen, Volksliedern gesucht. In dieser Zeit entstanden die ersten bedeutenden Sagensammlungen der Brüder Jacob und Wilhelm Grimm und Ludwig Bechstein. Mit der Intention, nationales, volkstümliches Erzählgut zu bewahren, wurden in der Folgezeit Sagen in allen deutschen Regionen gesammelt und aufgezeichnet. In den Sagenaufzeichnungen des 19. Jahrhunderts, die das volkstümliche Erzählgut einzelner deutscher Regionen sammelten, spielt vor allem der Typ der Ortssage oder Natursage eine Rolle. Seit dem 19. Jahrhundert sind Sagen nahezu ausschließlich zur Lektüre von Kindern geworden. Generationen von Kindern sind mit Gustav Schwabs „Die schönsten Sagen des klassischen Altertums" (1838–1840) groß geworden. Nacherzählungen der Troja-Sage, „Das hölzerne Pferd" (1968), und des „Nibelungenliedes" (1971) für jugendliche Leser hat Franz Fühmann vorgelegt.

nach: Sagen. Duden und paetec, Basiswissen Schule, Literatur.
Mannheim und Berlin, 2007, S. 93f

2 **Suche aus dem Text die Antworten auf die folgenden Fragen heraus und markiere sie im Text unterschiedlich.**

a) Welche verschiedenen Arten von Sagen gibt es?
b) Welche Informationen gibt der Text über die ersten bedeutenden Sagensammlungen?
c) Welche Neubearbeitungen von Sagen werden genannt?

Test 3: Inhalt und Form

üben

1 **An diesem Text fällt dir sicherlich auf, dass er nicht in Absätze unterteilt und somit nicht sehr übersichtlich ist. Lies den Text genau und markiere die Stellen, an denen deiner Meinung nach ein Absatz gemacht werden sollte.**

Steinau – die Stadt der Brüder Grimm

Die über 200 Grimm'schen Kinder- und Hausmärchen sind mittlerweile in 140 Sprachen übersetzt worden und so in aller Welt bekannt. Wer weiß jedoch schon, dass das Kindheitsschloss der Brüder Grimm in Steinau an der Straße steht? In dieser Stadt verbrachten nämlich die berühmten Märchensammler einen großen Teil ihrer Kindheit. Sie liebten ihr Heimatstädtchen Steinau „in der wiesenreichen, mit schönen Bergen umkränzten Gegend" sehr. Nicht weit vom Kindheitsschloss der Brüder Grimm befindet sich das ehemalige Wohnhaus der Familie, das besichtigt werden kann. Im Schloss selbst gibt es eine Brüder-Grimm-Gedenkstätte. Auf dem Marktplatz vor dem Rathaus, wo Jacob und Wilhelm Grimm als Kinder gerne spielten, wurde zu ihren Ehren 1985 ein Märchenbrunnen errichtet. Wer heute nach Steinau kommt, findet noch viele Plätze so vor, wie die Brüder Grimm sie gesehen und geliebt haben.

Steinau hat sich sein Gesicht bewahrt und ist vor allem für alle Liebhaber von Märchen, ob jung oder alt, einen Besuch wert.

2 **Wo könnte man diesen Text finden? Kreuze an.**

- ☐ Internetseite
- ☐ Gesetzestext
- ☐ Lexikon
- ☐ Reiseführer
- ☐ Zeitung/Zeitschrift
- ☐ Werbeplakat
- ☐ Informationsblatt des Tourismusverbandes

üben

3 **Fasse knapp zusammen, mit welcher Absicht dieser Text deiner Meinung nach verfasst worden ist. Wähle dazu passende Verben aus der Wortliste aus und formuliere die Zusammenfassung mit ihrer Hilfe.**

Informieren ▪ appellieren ▪ aufrufen ▪ auffordern ▪ animieren ▪ werben

4 **Mit welchen sprachlichen Mitteln wird ein positives Bild von der Stadt vermittelt?**
Unterstreiche die entsprechenden Wörter und Wortgruppen im Text.

5 **Recherchiere im Internet zu den Stichworten *Steinau* und *Grimm*.**
Vergleiche die von dir gefundenen Informationen mit denen des Texts von Aufabe 1. Notiere hier deine Ergebnisse.

Test 4: Meinungen und Wertungen

1 **Lies den folgenden Text genau und kreuze die zutreffenden Aussagen an:**

Der Text ist

- ☐ informierend
- ☐ meinungsäußernd
- ☐ appellierend
- ☐ argumentierend

Das Ende der Märchen und Sagen

Kinder sitzen andächtig da und lauschen gespannt den Geschichten von Siegfried und Kriemhild oder ziehen in Gedanken aus mit einem, der das Fürchten lernen will. Das ist wohl schon lange vorbei. Die Kids von heute hören dröhnende Musik und begucken sich die bunten Bilder der Comics und Mangas. Aber alte Geschichten hören oder gar selbst lesen? Das wäre ja noch schöner. Das ist bei der jungen Generation in höchstem Maße unbeliebt, denn es strengt zu sehr an. Ja, wenn sich jemand erbarmt und die altbekannte Story in einem Film voller Action und Gags präsentiert, dann sind auch die Jungen eher bereit, sich dafür zu interessieren.

Bleibt uns also in der Zukunft nur noch ein Märchenmix im Comedygewand und die Gruselmär der *Brothers Grimm* à la Hollywood?

Ist das das Aus für unser altes Märchen- und Sagengut?

Zu wünschen wäre, dass wieder mehr Menschen sich auf die einfachen, ursprünglichen Geschichten besinnen würden, die mit ihrer schlichten, poetischen Sprache die Fantasie anregen und aus denen man fürs Leben lernen kann.

2 **Schreibe auf, wie der Autor die junge Generation bewertet? Welches Bild zeichnet er in seinen Behauptungen von den Jugendlichen?**

____

____

____

____

____

3 **Schreibe auf, welche Absicht der Autor mit seinem Text verfolgt. Unterstreiche auch die Stelle im Text, an der die Absicht direkt ausgesprochen wird.**

____

____

____

____

Die **Sage** (v. ahd. saga, *Gesagtes*; Prägung durch die Brüder Grimm) ist eine zunächst auf mündlicher Überlieferung basierende, kurze Erzählung von unglaubhaften, fantastischen Ereignissen, die aber als Wahrheitsbericht aufgebaut ist oder auf tatsächlichen Begebenheiten beruht. Damit steht der Realitätsanspruch der Sage über dem des Märchens. Gleich wie im Märchen kommt es oft zur Benennung eines Helden und damit zur Heldensage.
Der ursprüngliche Verfasser der Sage bleibt in der Regel unbekannt, der Verfasser einer zugehörigen schriftlichen Fixierung ist dagegen gelegentlich zumindest grob benannt. [...]

Die Entwicklung der Sage als literarische Form ist nicht abgeschlossen, sondern findet als moderne Sage eine Fortsetzung in der Gegenwart. Außerdem gibt es die noch recht junge Form der Kunstsage. Sie weist alle Merkmale einer Sage auf und stammt wie das Kunstmärchen von einem Autor.

Bei der Entstehung von Sagen greifen subjektive Wahrnehmung und objektives Geschehen so ineinander, dass übernatürliche, unglaubhafte Begebenheiten zum Wesenskern der Sage werden. So gehört auch die Vermenschlichung von Pflanzen und Tieren zur Sagenwelt, aber auch übernatürliche Wesen wie Elfen, Zwerge und Riesen zählen dazu. Anders als beim zeitlosen Märchen werden tatsächliche Ereignisse zum Anlass einer Sage genommen, die dann im Weiteren fantastisch ausgeschmückt und umgestaltet werden. Deshalb ist die Sage oft mit einer Orts- oder Zeitangabe verbunden.

Die Volkssage ist sprachlich und stilistisch eher anspruchslos. [...] Sie ist einerseits durch Elemente der Magie oder des Dämonischen gekennzeichnet, andererseits verarbeitet sie historische Elemente. Die Volkssage erhebt den Anspruch auf „Wahrheit" ihrer Darstellung. Diese erweist sich jedoch selten als geschichtlich eindeutig, sondern folgt eigener Interpretation der Ereignisse, welche Elemente des Mythischen einschließen kann. Stoff oder Motiv einer Volkssage können von anderen Völkern und Kulturen übernommen sein (Wandersagen), werden aber gewöhnlich mit landschaftlichen und zeitbedingten Eigentümlichkeiten und Anspielungen vermischt.

Die Natursagen erklären auf ihre Art seltsame Naturerscheinungen oder -ereignisse. Sie erklären, warum etwas, das man in der Wirklichkeit vorfindet, existiert: beispielsweise ein Brauch, ein Ereignis, ein Kreuzstein, eine Salzsäule, der Name eines Ortes, eines Sees, eines Berges, eines heiligen Ortes.

Die Geschlechtersagen behandeln die Entstehung und Geschichte eines bekannten Geschlechts. Andererseits gibt es die historische Sage, die ein bestimmtes Ereignis oder eine Persönlichkeit zum Gegenstand hat. Handelt es sich dabei um Heilige aus der christlichen Glaubensgeschichte, wird die Sage als Legende bezeichnet.

Nach: http://de.wikipedia.org/wiki/Sage (14.07.2011)

können

1 **Kreuze an, um welche Textart es sich handelt.** /1

- [ ] informierender Sachtext
- [ ] argumentierender Sachtext

2 **Untersuche den Aufbau des Textes.**
Finde zu jedem Absatz eine passende Teilüberschrift. /6

Absatz 1: ______________________________

Absatz 2: ______________________________

Absatz 3: ______________________________

Absatz 4: ______________________________

Absatz 5: ______________________________

Absatz 6: ______________________________

3 **Fasse nun den wesentlichen Inhalt jedes Abschnittes in Stichpunkten zusammen.**

Absatz 1: ______________________________

____

____

____

Absatz 2: ______________________________

____

____

____

Absatz 3: ______________________________

____

____

____

Absatz 4: ______________________________

____

____

____

können

Absatz 5: ______________________________

____

____

____

Absatz 6: ______________________________

____

____

____

/17

4 **Lies den Text noch einmal und beantworte folgende Fragen.**

a) Worin unterscheiden sich Märchen und Sagen?

____

____

____

____

____

b) Welche Arten von Sagen werden im Text genannt?

____

____

____

c) Welche Merkmale weist eine Volkssage auf?

____

____

____

____

____

/10

erreichte Punktzahl
/ 34

5 Inhaltsangabe

verstehen

Inhalt

Eine Inhaltsangabe zu einem literarischen Text gibt sachlich, genau und möglichst kurz den Hauptinhalt in eigenen Worten zusammenfassend wieder. Dabei geht man auf Distanz zur Geschichte, indem man eine neutrale Perspektive einnimmt. Voraussetzung für die Abfassung einer Inhaltsangabe ist es, den literarischen Text verstanden zu haben.

Gliederung

Eine Inhaltsangabe ist in Einleitung, Hauptteil und Schluss gegliedert.

Die **Einleitung** enthält:
- den Namen des Verfassers,
- den Titel des Textes,
- die Textart,
- den Handlungsort,
- die Handlungszeit und
- eine Zusammenfassung des Handlungsgeschehens in möglichst einem Satz.

Im **Hauptteil** wird der Inhalt in der chronologischen Abfolge des Textes wiedergegeben. Beschränke dich auf das Wesentliche, d. h. stelle kurz die wichtigsten Personen vor und nenne die Hauptschauplätze. Lasse überflüssige und nebensächliche Details weg. Damit der Leser rasch begreift, worum es geht, fasse die wichtigsten Abschnitte der Handlung zusammen. Ordne diese zeitlich oder nach Grund und Folge.

Der **Schluss** enthält Aussagen zur Autorenabsicht, zur sprachlichen und stilistischen Gestaltung des Textes sowie ein eigenes kurzes Urteil (Wie hat mir der Text gefallen?).

Form

Im literarischen Text enthaltene direkte Rede wird in der Inhaltsangabe in indirekter Rede wiedergegeben.
Eine Inhaltsangabe wird im Präsens oder Perfekt abgefasst, da der Inhalt zeitlos gültig wiedergegeben werden soll.

Stil

In der Inhaltsangabe sollten vor allem Verben, die die Handlungsvorgänge zusammenfassen, sowie treffende Substantive und Adjektive verwendet werden.
Es müssen knappe, einfache Satzreihen und Satzgefüge gebildet werden.
Der Stil einer Inhaltsangabe ist sachlich und distanziert, d. h. jede Gefühlsäußerung muss vermieden werden, es ist keine Nacherzählung.
Man berichtet mit Überblick über den Zusammenhang der Handlung.
Der Handlungsträger wird nur in der dritten Person genannt, unnötige Wiederholungen müssen vermieden werden.
Jegliche Form von *Telegrammstil*, also die Verwendung unvollständiger Sätze, widerspricht dem Stil einer Inhaltsangabe.

Unterschiede zur Nacherzählung

Häufig verwechselt man eine Inhaltsangabe mit einer Nacherzählung.
Die Unterschiede sind jedoch eindeutig.
Beim Nacherzählen bleibt man nah an der Geschichte und übernimmt deren Perspektive und Aufbau. Man erzählt im Präteritum, gebraucht die direkte Rede und gibt viele Einzelheiten wieder.

Vorbereitungen

Auf das Verfassen einer Inhaltsangabe kann man sich vorbereiten:
Zunächst verschafft man sich einen Überblick über die gesamte Handlung, indem man die wichtigsten Handlungsschritte aufschreibt.
Hilfreich ist eine Stichwortskizze. Man macht sich Stichpunkte zum Beispiel zu folgenden Kriterien:
- Thema und Hintergrund der Geschichte (auch eventuelle historische Bezüge)
- Im Text auftretende Hauptpersonen
- Stationen der Handlung (chronologisch oder nach Grund – Folge geordnet) und auftretende Probleme
- Schluss und Ergebnis (Wie endet das Geschehen, mit welchem Ergebnis?)
- Besonderheit in der Gestaltung (stilistische Auffälligkeiten wie eine Rahmung)

1 **Lies den folgenden Text mehrfach.**
Gliedere die Kalendergeschichte zunächst in einzelne Abschnitte.
Schreib in dein Heft, von welcher Zeile bis zu welcher Zeile die Abschnitte gehen, und formuliere eine kurze Überschrift für jeden Abschnitt.
Achtung: Es ist wichtig, den Text zuerst mehrmals zu lesen, um erst dann (mit mehr Überblick) die Aufgabe zu lösen.

Der Husar in Neiße *von Johann Peter Hebel*

Als im Anfang der französischen Revolution die Preußen mit den Franzosen Krieg führten und durch die Provinz Champagne zogen, dachten sie nicht daran, dass sich das Blättlein wenden könnte und dass der Franzos noch im Jahr 1806 nach Preußen kommen und den ungebetenen Besuch wettmachen werde. Denn nicht jeder führte sich auf, wie es einem braven Soldaten in Feindesland wohl ansteht. Unter andern drang damals ein brauner preußischer Husar, der ein böser Mensch war, in das Haus eines friedlichen Mannes ein, nahm all sein bares Geld, so viel war, und viel Geldeswert, zuletzt auch noch das schöne Bett mit nagelneuem Überzug und mißhandelte Mann und Frau. Ein Knabe von acht Jahren bat ihn kniend, er möchte doch seinen Eltern nur das Bett wiedergeben. Der Husar stößt ihn unbarmherzig von sich. Die Tochter läuft ihm nach, hält ihn am Dolman fest und fleht um Barmherzigkeit. Er nimmt sie und wirft sie in den Sodbrunnen, so im Hofe steht, und rettet seinen Raub. Nach Jahr und Tagen bekommt er seinen Abschied, setzt sich in der Stadt Neiße in Schlesien, denkt nimmer daran, was er einmal verübt hat, und meint, es sei schon lange Gras darüber gewachsen. Allein, was geschieht im Jahr 1806? Die Franzosen rücken in Neiße ein; ein junger Sergeant wird abends einquartiert bei einer braven Frau, die ihm wohl aufwartet. Der Sergeant ist auch brav, führt sich ordentlich auf und scheint guter Dinge zu sein. Den andern Morgen kommt der Sergeant nicht zum Frühstück. Die Frau denkt: Er wird noch schlafen, und stellt ihm den Kaffee ins Ofenrohr. Als er noch immer nicht kommen wollte, ging sie endlich in das Stüblein hinauf, macht leise die Türe auf und will sehen, ob ihm etwas fehlt.

Da saß der junge Mann wach und aufgerichtet im Bette, hatte die Hände ineinander gelegt und seufzte, als wenn ihm ein groß Unglück begegnet wäre, oder als wenn er das Heimweh hätte oder so etwas, und sah nicht, daß jemand in der Stube ist. Die Frau aber ging leise auf ihn zu und fragte ihn: „Was ist Euch begegnet, Herr Sergeant, und warum seid Ihr so traurig?“ Da sah sie der Mann mit einem Blick voll Tränen an und sagte, die Überzüge dieses Bettes, in dem er heute Nacht geschlafen habe, haben vor 18 Jahren seinen Eltern in Champagne angehört, die in der Plünderung alles verloren haben und zu armen Leuten geworden seien, und jetzt denke er an alles und sein Herz sei voll Tränen. Denn es war der Sohn des geplünderten Mannes in Champagne und kannte die Überzüge noch, und die roten Namensbuchstaben, womit sie die Mutter gezeichnet hatte, waren ja auch noch daran.

Da erschrak die gute Frau und sagte, daß sie dieses Bettzeug von einem braunen Husaren gekauft habe, der hier in Neiße lebe, und sie könne nichts dafür. Da stand der Franzose auf und ließ sich in das Haus des Husaren führen und kannte ihn wieder.
„Denkt Ihr noch daran", sagte er zu dem Husaren, „wie Ihr vor 18 Jahren einem unschuldigen Mann in Champagne Hab und Gut und zuletzt auch noch das Bett aus dem Hause getragen habt, und habt keine Barmherzigkeit gehabt, als Euch ein achtjähriger Knabe um Schonung anflehte, und an meine Schwester?" Anfänglich wollte der alte Sünder sich entschuldigen, es gehe bekanntlich im Kriege nicht alles, wie es soll, und was der eine liegen lasse, hole doch ein anderer, und lieber nimmt man's selber. Als er aber merkte, daß der Sergeant der nämliche sei, dessen Eltern er geplündert und mißhandelt hatte, und als er ihn an seine Schwester erinnerte, versagte ihm vor Gewissensangst und Schrecken die Stimme, und er fiel vor dem Franzosen auf die zitternden Knie nieder und konnte nichts mehr herausbringen als: „Pardon!" dachte aber: Es wird nicht viel helfen.
Der geneigte Leser denkt vielleicht auch: „Jetzt wird der Franzos den Husaren zusammenhauen", und freut sich schon darauf. Allein das könnte mit der Wahrheit nicht bestehen. Denn wenn das Herz bewegt ist und vor Schmerz fast brechen will, mag der Mensch keine Rache nehmen.
Da ist ihm die Rache zu klein und verächtlich, sondern er denkt: Wir sind in Gottes Hand, und will nicht Böses mit Bösem vergelten. So dachte der Franzose auch und sagte: „Daß du mich mißhandelst hast, das verzeihe ich dir. Daß du meine Eltern mißhandelt und zu armen Leuten gemacht hast, das werden dir meine Eltern verzeihen. Daß du meine Schwester in den Brunnen geworfen hast, und ist nimmer davongekommen, das verzeihe dir Gott!" – Mit diesen Worten ging er fort, ohne dem Husaren das Geringste zuleide zu tun, und es ward ihm in seinem Herzen wieder wohl.
Dem Husaren aber war es nachher zumut, als wenn er vor dem jüngsten Gericht gestanden wäre und hätte keinen guten Bescheid bekommen.
Denn er hatte von dieser Zeit an keine ruhige Stunde mehr und soll nach einem Vierteljahr gestorben sein.
Merke: Man muß in der Fremde nichts tun, worüber man sich daheim nicht darf finden lassen. Merke: Es gibt Untaten, über welche kein Gras wächst.

Johann Peter Hebel: Schatzkästlein des rheinischen Hausfreundes.
Reclam 1999 (in alter Rechtschreibung)

üben

2 **Fertige zur Kalendergeschichte *Der Husar in Neiße* eine Stichwortskizze an, indem du die folgende Tabelle ausfüllst.**

Thema und Hintergrund der Geschichte	
Personen, Stationen und Probleme der Handlung	
Schluss, Ergebnis	
Besonderheiten in der Gestal-tung	

üben

Test 2: Analyse von Fehlertexten

1 **Lies die folgende Schülerarbeit. Notiere, was entsprechend deiner Stichwortskizze aus Test 1 fehlt bzw. was unnötig für eine Inhaltsangabe ist.**

Schülerarbeit

Die Kalendergeschichte *Der Husar in Neiße* ist von Johann Peter Hebel. Sie spielt am Anfang des 19. Jahrhunderts und handelt von einem Jungen, dessen Familie von einem Husaren ausgeraubt worden war.

Als am Anfang der französischen Revolution die Preußen mit den Franzosen Krieg führen und durch die Provinz Champagne ziehen, dringt ein brauner, böser, preußischer Husar in das Haus eines friedlichen Mannes ein und nimmt ihm all sein bares Geld. Zuletzt stiehlt er auch noch das Bett mit dem neuen Überzug und misshandelt Mann und Frau. Ein achtjähriger Knabe bittet ihn knieend, er möchte seinen Eltern doch nur das Bett wiedergeben. Der Husar stößt ihn kalt ab. Die Tochter läuft ihm nach, hält ihn am Dolman fest und fleht um Barmherzigkeit. Er nimmt sie, wirft sie in den Sodbrunnen, der im Hof steht und rettet seine Beute.

Nach etwa einem Jahr zieht er nach Neiße und verkauft das Bettzeug einer Frau.

Als die Franzosen in Neiße einrücken, wird ein junger Sergeant bei der Frau einquartiert. Als er am nächsten Morgen lange nicht kommt, geht sie zu ihm ins Zimmer und sieht ihn schluchzend auf dem Bett hocken. Auf ihre Frage, was denn sei, antwortet er, dass seine Eltern vor 18 Jahren von einem Husaren ausgeraubt worden waren. Dieser Husar habe auch ein Bett mitgenommen, in eben diesem hat er heute geschlafen. Die Frau sagt, dass sie unschuldig sei und sagt dem Sergeant, wo der Husar wohnt. Er geht zu ihm und stellt ihn zur Rede. Als der Husar merkt, wer ihn da „ausschimpfen" will, fällt er auf die Knie und bittet um Verzeihung. Der Sergeant ist von Trauer geplagt, deshalb tut er dem Husaren nichts an. Doch das, was er sagt, lässt dem Husaren keine ruhige Stunde mehr, so dass er nach einem Vierteljahr stirbt. Der Sergeant sagt, dass er ihm die Misshandlung, die ihm zugeführt wurde, verzeiht, die seiner Eltern werden sie ihm verzeihen – aber den Tod seiner Schwester kann nur Gott ihm verzeihen.

Der Autor will mit dieser Geschichte ausdrücken, wie schwer man Dinge, die einem geschehen sind, vergessen kann.

Mir gefällt die Erzählung nicht, weil sie so schwer verständlich ist.

Test 3: Abfassen einer Inhaltsangabe

üben

1 **Lies dir noch einmal die Kalendergeschichte *Der Husar in Neiße* durch. Fülle nun für die Einleitung der Inhaltsangabe die folgende Tabelle aus.**

Kriterium	Notizen
Name des Verfassers	
Titel des Textes	
Textart	
Handlungszeit	
Zusammenfassung des Handlungsgeschehens in möglichst einem Satz	

2 **Schreibe mithilfe der Tabelle die Einleitung der Inhaltsangabe.**

3 **Nimm deine Stichwortskizze aus Test 1 zur Hand und formuliere den Hauptteil der Inhaltsangabe.**

4 **Verfasse nun den Schluss der Inhaltsangabe.**

Klassenarbeit Nr. 6 60 min

können

/5

1 **Lies den Text und gliedere ihn durch Markierungen in einzelne Abschnitte.**

2 **Notiere dir zu jedem Abschnitt wesentliche Aussagen.**

Der kluge Richter *von Johann Peter Hebel*

Daß nicht alles so uneben sei, was im Morgenlande geschieht, das haben wir schon einmal gehört. Auch folgende Begebenheit soll sich daselbst zugetragen haben. Ein reicher Mann hatte eine beträchtliche Geldsumme, welche in ein Tuch eingenähet war, aus Unvorsichtigkeit verloren. Er machte daher seinen Verlust bekannt und bot, wie man zu tun pflegt, dem ehrlichen Finder eine Belohnung, und zwar von hundert Talern an. Da kam bald ein guter und ehrlicher Mann dahergegangen. „Dein Geld habe ich gefunden. Dies wird's wohl sein! So nimm dein Eigentum zurück!" So sprach er mit dem heitern Blick eines ehrlichen Mannes und eines guten Gewissens, und das war schön. Der andere machte auch ein fröhliches Gesicht, aber nur, weil er sein verloren geschätztes Geld wieder hatte. Denn wie es um seine Ehrlichkeit aussah, das wird sich bald zeigen. Er zählte das Geld und dachte unterdessen geschwinde nach, wie er den treuen Finder um seine versprochene Belohnung bringen könnte. „Guter Freund", sprach er hierauf, „es waren eigentlich 800 Taler in dem Tuch eingenäht. Ich finde aber nur noch 700 Taler. Ihr werdet also wohl eine Naht aufgetrennt und Eure 100 Taler Belohnung schon herausgenommen haben. Da habt Ihr wohl daran getan. Ich danke Euch." Das war nicht schön. Aber wir sind auch noch nicht am Ende. Ehrlich währt am längsten, und Unrecht schlägt seinen eigenen Herrn. Der ehrliche Finder, dem es weniger um die 100 Taler als um seine unbescholtene Rechtschaffenheit zu tun war, versicherte, daß er das Päcklein so gefunden habe, wie er es bringe, und es so bringe, wie er's gefunden habe. Am Ende kamen sie vor den Richter. Beide bestanden auch hier noch auf ihrer Behauptung, der eine, daß 800 Taler seien eingenäht gewesen, der andere, daß er von dem Gefundenen nichts genommen und das Päcklein nicht versehrt habe. Da war guter Rat teuer. Aber der kluge Richter, der die Ehrlichkeit des einen und die schlechte Gesinnung des andern zum voraus

können

zu kennen schien, griff die Sache so an: er ließ sich von beiden über das, was sie aussagten, eine feste und feierliche Versicherung geben und tat hierauf folgenden Ausspruch: „Demnach, und wenn der eine von euch 800 Taler verloren, der andere aber nur ein Päcklein mit 700 Talern gefunden hat, so kann auch das Geld des letztern nicht das nämliche sein, auf welches der erstere ein Recht hat. Du, ehrlicher Freund, nimmst also das Geld, welches du gefunden hast, wieder zurück und behältst es in guter Verwahrung, bis der kommt, welcher nur 700 Taler verloren hat. Und dir da weiß ich keinen andern Rat, als du geduldest dich, bis derjenige sich meldet, der deine 800 Taler findet." So sprach der Richter, und dabei blieb es.

Johann Peter Hebel: Schatzkästlein des rheinischen Hausfreundes. Reclam 1999 (in alter Rechtschreibung)

/8

3 **Schreibe die Einleitung der Inhaltsangabe.**

können

/10

4 **Verfasse nun Hauptteil und Schluss der Inhaltsangabe.**

/20

erreichte Punktzahl

/ 43

6 Analyse von literarischen Texten

verstehen

Merkmale literarischer Texte

Jeder Text enthält eine Mitteilung. Dabei gibt es Texte, die leicht oder auch schwer verständlich sind. Manchmal genügt ein flüchtiges Lesen, um die Information zu entnehmen.
Bei literarischen Texten ist das anders. Das Geschriebene muss in den meisten Fällen mehr als einmal gelesen werden, um den Sinn zu erfassen.
Literarische Texte sind **fiktional**, das heißt, sie sind das Produkt der Fantasie und Kreativität eines Schriftstellers. Deswegen gibt es – je nach persönlichen Kenntnissen, Erfahrungen, Wünschen usw. – häufig unterschiedliche Ansichten über die Aussage eines literarischen Textes.
Wesentlich für das Verständnis eines literarischen Textes ist es deshalb, ihn entschlüsseln zu können. Dazu benötigt man Kenntnisse über Inhalts- und Formmerkmale.

Lyrische Texte (Lyrik)

Zur Lyrik gehören kürzere literarische Texte in einer besonders gestalteten Form. In ihnen wird eine Aussage in poetischer Bildsprache verschlüsselt. Die Form lyrischer Texte ist gekennzeichnet durch Strophe, Reim, Versmaß und Rhythmus. Textsorten der Lyrik sind beispielsweise das *Gedicht*, die *Ballade*, das *Sonett*, die *Hymne* und das *Lied*.

In jedem lyrischen Text ist ein **lyrisches Subjekt** vorhanden, ein Sprecher, aus dessen Sichtweise das Dargestellte deutlich wird.
Es kann als **lyrisches Ich** (oder lyrisches Wir) im Gedicht anwesend sein.
Es kann aber auch nicht direkt in Erscheinung treten.
Das lyrische Subjekt stellt Erlebnisse, ein Geschehen sowie Gedanken und Gefühle dar. Dieser Sprecher ist aber nicht identisch mit dem Autor!

Gliederung

Gedichte sind in **Verse** und **Strophen** gegliedert.
Die einzelnen Zeilen eines Gedichts werden als Verse bezeichnet. Strophen sind durch einen Absatz voneinander abgegrenzte Verse.
Manche Gedichte enthalten einen **Refrain**. Das sind mehrfach wiederkehrende Verse oder Strophen. Ein Refrain unterstreicht den Liedcharakter eines Textes.

Reim

Gelassen steigt die Nacht ans <u>Land</u>, Lehnt träumend an der Berge <u>Wand</u>, Ihr Auge sieht die goldne Waage <u>nun</u> Der Zeit in gleichen Schalen stille <u>ruhn</u>[1];	a a b b	**Paarreim**: Zwei unmittelbar aufeinanderfolgende Verse reimen sich.

Frühling lässt sein blaues Band Wieder flattern durch die Lüfte; Süße, wohl bekannte Düfte Streifen ahnungsvoll das Land[2].	**a** **b** **b** **a**	**Umschließender oder umarmender Reim:** Zwei Verse umschließen einen Paarreim.
Vom Berge was kommt da um Mitternacht spät Mit Fackeln so prächtig herunter? Ob das wohl zum Tanze, zum Feste noch geht? Mir klingen die Lieder so munter[3].	**a** **b** **a** **b**	**Kreuzreim:** Jeweils der erste und dritte und der zweite und vierte Vers reimen sich.

1 Paarreimbeispiel – Eduard Mörike: Um Mitternacht. Aus: Gedichte. Hamburger Lesehefte Verlag, Husum, Seite 39

2 Beispiel umschließender Reim – Eduard Mörike: Er ist's. Aus: Gedichte. Hamburger Lesehefte Verlag, Husum, Seite 14

3 Kreuzreimbeispiel – Eduard Mörike: Die Geister am Mummelsee. Aus: Gedichte. Hamburger Lesehefte Verlag, Husum, Seite 39

Metrum

Das Metrum, auch Versmaß genannt, zeigt den Wechsel von betonten und unbetonten Silben einer Verszeile in einer bestimmten Reihenfolge.
Geschieht dieser Wechsel in einer regelmäßigen Abfolge, lassen sich verschiedene Metren unterscheiden:

Metrum	Reihenfolge der **betonten** (x) und unbetonten (–) Silben	Wirkung
Jambus	– x Wer **nie** sein **Brot** mit **Trä**nen **aß**	wirkt frisch, belebend oder dynamisch, auch überschwänglich und freudig
Trochäus	x – **Traum** der **Som**mer**nacht**	wirkt ruhig und gemäßigt, manchmal auch schwer, bedrückend, nachdenklich und ernst
Daktylus	x – – **Wen**det zur **Klar**heit Euch	wirkt bewegt und beschwingt, ist oft in Tanzliedern zu finden
Anapäst	– – x Wie mein **Glück** ist mein **Lied**	wirkt belebend, wird oft zusammen mit dem Jambus verwendet

Poetische Stilmittel

Eine Reihe verschiedener sprachlicher Mittel und Stilfiguren dienen der Verdeutlichung, Veranschaulichung und Ausschmückung der Gedichtaussage.
Hier folgt nur eine Auswahl:

Alliteration: Zwei oder mehrere Wörter innerhalb einer Zeile beginnen mit demselben Anlaut (Stabreim).

bei Wind und Wetter

Anapher: Ein Wort oder mehrere Wörter werden zu Beginn eines Satzes oder Verses wiederholt.

Sie schweben herunter ins Mummelseetal
Sie haben den See schon betreten

Antithese: Gegensätzliche Gedanken und Begriffe werden gegenübergestellt.
nehmen und geben, Himmel und Hölle

Ellipse: Die Aussage wird auf das Wesentliche reduziert, gedanklich leicht zu Ergänzendes wird weggelassen.
Herrlich zu leben!

Hyperbel: Übertreibung
unendliche Geduld haben

Interjektion: Ausruf, der zum Ausdruck einer Empfindung dient.
Oh! Ach!

Ironie: Man sagt nicht, was man meint, sondern das Gegenteil.
Du bist mir ein schöner Freund!

Klimax: Steigerung, die aus drei Gliedern besteht.
er schrie, weinte, winselte

Metapher: Bedeutungsübertragung ohne Vergleichswort, zwei Bildbereiche werden zu einem neuen Zusammenhang verknüpft.
das Feuer der Liebe, Türflügel

Metonymie: Ein eigentlich gemeintes Wort wird durch ein anderes ersetzt, das in einer realen Beziehung zu diesem steht.
ein Glas trinken

Personifikation: Abstrakte Begriffe, konkrete Gegenstände und Tiere handeln und sprechen wie Personen.
die Sonne lacht, Blumen erwachen

Vergleich: Zwei Dinge oder Eigenschaften werden durch *wie* oder *als* miteinander in Beziehung gesetzt.
listig wie ein Fuchs

Zeilensprung: Das Satzende fällt nicht mit dem Versende zusammen (**Enjambement**), sondern der Satz wird über die Versgrenze hinweg fortgeführt.
Es ist doch im April fürwahr
Der Frühling weder halb noch gar

Es gibt eine Reihe weiterer äußerer Besonderheiten, die beim Lesen von Gedichten berücksichtigt werden müssen:

- Wie sind die Verszeilen angeordnet? Gibt es Leerzeilen?
- Werden Satzzeichen verwendet oder weggelassen?
- Wird ein Doppelpunkt verwendet? Dieser ist oft Ausdruck der Zusammenfassung und der direkten Beziehung zwischen zwei Aussagen.
- Werden die Regeln der Groß- und Kleinschreibung eingehalten oder gibt es Abweichungen und Auffälligkeiten? Werden einzelne Wörter hervorgehoben?
- Welche Wirkung geht vom Satzbau und der Bevorzugung bestimmter Wortarten aus?
- Gibt es besondere Schlüsselwörter? Werden Wörter aus einem bestimmten Wortfeld verwendet?

Gedichtinterpretation

Ziel einer Gedichtinterpretation ist es, die Textaussage zu erfassen.
Um zu verstehen, was der Dichter sagen will, muss man **Inhalt und Form des Gedichts und ihre Beziehung zueinander** untersuchen. Das bedeutet, die formalen Merkmale eines Gedichts sowie sprachliche Figuren zu erkennen und sie im Rahmen der Interpretation konsequent auf den Inhalt zu beziehen. Nur so kann man die Aussage eines Gedichts erschließen.
Methoden zur Erschließung von lyrischen Texten:

- Fragen an das Gedicht stellen
- Interpretationshypothese formulieren
- Eigene Vorkenntnisse aktivieren

Dramatische Texte (Dramatik)

Drama ist der Oberbegriff für Theaterstücke, die von Schauspielern auf einer Bühne vor Zuschauern aufgeführt werden.
Der Text eines Dramas ist nicht in fortlaufender Prosa geschrieben, sondern in einzelne Sprecherrollen eingeteilt. Dazu kommen noch Regieanweisungen, das sind Hinweise für die Darstellung auf der Bühne. Dramen sind in den meisten Fällen in größere **Handlungsabschnitte** – die Akte oder Aufzüge – eingeteilt.
Diese setzen sich aus mehreren Szenen oder Auftritten zusammen.
Textsorten der Dramatik sind vor allem das Drama (*Tragödie*, *Komödie* und *Farce*). Aber auch *Hörspiel* und *Fernsehspiel* gehören zur Dramatik.

In der Alltagssprache sagt man mitunter *Das ist aber ein Drama* und meint damit etwa ein schreckliches Ereignis. Ein Drama (= Theaterstück) ist jedoch eine inhaltlich neutrale Bezeichnung. Sowohl Tragödie als auch Komödie sind Dramen.

Epische Texte (Epik)

Zur Epik gehören sämtliche **erzählenden Texte**. In der Epik unterscheidet man viele Textsorten. Die bekanntesten sind der *Roman*, die *Erzählung*, die *Kurzgeschichte* und die *Fabel*. Aber auch *Novelle*, *Satire*, *Parabel*, *Anekdote*, *Kalendergeschichte* und *Schwank* sind epische Textsorten.

Kurzgeschichte

Die Kurzgeschichte ist eine knappe, meist auf eine kurze Zeitspanne und auf einen Ort begrenzte Erzählung. Schlaglichtartig wird ein entscheidender Augenblick, eine wesentliche Situation im Leben eines Menschen beleuchtet. Dabei weist die Kurzgeschichte in der Regel vor allem folgende Merkmale auf:

- geradliniger, linearer Aufbau; Höhepunkt fällt mit dem Schluss zusammen
- Beschränkung auf wenige Personen, die meist anonym bleiben
- offener Anfang (d. h. keine Einleitung) und offener Schluss (keine abschließende Lösung)
- wenig äußere Handlung, einfache Sprache

Kalendergeschichte

Kalendergeschichten sind kurze Erzählungen, die ursprünglich in Kalendern abgedruckt wurden. Sie sind unterhaltsam und enthalten eine Lehre. Im Schlusssatz formuliert der Autor meist eine allgemeine Lebensweisheit.

Fabel

Die Fabel ist eine kurze Erzählung, in der eine moralische Lehre oder Kritik an den Zeitverhältnissen vermittelt wird. Tiere oder Gegenstände verkörpern menschliche Eigenschaften. Dabei stehen sich fast immer zwei gegensätzliche Positionen gegenüber (z. B. der schlaue Fuchs und der dumme Esel).

Analyse epischer Texte

Um einen epischen Text zu erschließen, sollte man folgende Arbeitsschritte durchführen:

1. Gründliches, mehrmaliges Lesen des Textes
2. Einteilen des Textes in Sinnabschnitte, um die innere Struktur des Textes zu erkennen
3. Figurenkonstellation analysieren, d. h. wer ist/sind die Hauptfiguren und in welchem Verhältnis stehen diese zueinander?
4. Inhalt des Textes erfassen
5. Feststellen, zu welcher Textsorte der Text gehört
6. Kennzeichnen auffälliger Textstellen (z. B. Wortwiederholungen, bestimmte Bilder, auffällige Wortwahl)
7. Eine erste Deutung des Textes vornehmen, d. h. was soll der Text aussagen?

Erzählperspektive

Darunter versteht man den Blickwinkel oder Standpunkt, von dem aus eine Geschichte erzählt wird. Dabei unterscheidet man drei Perspektiven:

1. Ich-Erzähler: Der Erzähler (nicht zu verwechseln mit dem Autor) erzählt aus der Perspektive einer an der Handlung beteiligten Figur in der Ich-Form.

2. Personaler Erzähler (auch: Er-Erzähler): Der Erzähler erzählt aus der Perspektive einer an der Handlung beteiligten Figur in der Er-Form.

3. Auktorialer Erzähler: Der Erzähler erzählt die Geschichte aus einer Perspektive, von der aus er die handelnden Figuren beobachten und zum Teil ihre inneren Motive beurteilen kann.

Stilistische Mittel

Um einen literarischen Text analysieren und interpretieren zu können, muss man auch wesentliche stilistische Mittel kennen.

Metapher: Bedeutungsübertragung, d. h. die Bedeutung eines Wortes wird auf einen anderen Sachverhalt übertragen.

Talsohle – Bedeutungsübertragung von Sohle = unterer Abschluss

Personifikation: Gegenstände werden belebt dargestellt.

Die Fenster schauten auf ihn herab – schauen = Tätigkeit eines Lebewesens

Vergleich: Eine Eigenschaft wird dadurch besonders hervorgehoben, dass sie vergleichend in Beziehung mit einem anderen Ding, Wesen oder Sachverhalt gesetzt wird.

Sie verteidigte ihr Kind wie eine Löwin ihr Junges.

Hyperbel: Ein Sachverhalt oder eine Eigenschaft wird übertrieben dargestellt.

Er war nur noch Haut und Knochen.

Anapher: Wiederholung eines Wortes oder einer Wortgruppe am Anfang aufeinanderfolgender Sätze.

Morgen werde ich mich in der Schule anstrengen. Morgen werde ich aktiv im Unterricht mitarbeiten. Morgen wird alles anders.

Ellipse: Auslassung eines Satzteils, der zum Verständnis nicht unbedingt notwendig ist.

Je schneller, desto besser.

Euphemismus: Beschönigende Umschreibung eines unangenehmen Sachverhalts.

Das Zeitliche segnen für *sterben*

Rhetorische Frage: Frage, auf die keine Antwort erwartet wird.

Wer glaubt denn das noch?

Interpretation epischer Texte

Wenn man einen literarischen Text interpretiert, dann heißt das, dass ein Bezug zwischen dem Inhalt und den analysierten Formmerkmalen hergestellt wird. Das heißt, man beantwortet die folgende Frage: *Wie* (Form) hat der Autor *was* (Inhalt) dargestellt und in *welcher Wirkungsabsicht*? Dazu ist es notwendig, Besonderheiten des Textes zu *entdecken* und miteinander in Beziehung zu setzen.

üben

Test 1: Kurzgeschichte

Nachts schlafen die Ratten doch *von Wolfgang Borchert*

Das hohle Fenster in der vereinsamten Mauer gähnte blaurot voll früher Abendsonne. Staubgewölke flimmerte zwischen den steilgereckten Schornsteinresten. Die Schuttwüste döste.

Er hatte die Augen zu. Mit einmal wurde es noch dunkler. Er merkte, daß jemand gekommen war und nun vor ihm stand, dunkel, leise. Jetzt haben sie mich! dachte er. Aber als er ein bißchen blinzelte, sah er nur zwei etwas ärmlich behoste Beine. Die standen ziemlich krumm vor ihm, daß er zwischen ihnen hindurchsehen konnte. Er riskierte ein kleines Geblinzel an den Hosenbeinen hoch und erkannte einen älteren Mann. Der hatte ein Messer und einen Korb in der Hand. Und etwas Erde an den Fingerspitzen.

Du schläfst hier wohl, was? fragte der Mann und sah von oben auf das Haargestrüpp herunter. Jürgen blinzelte zwischen den Beinen des Mannes hindurch in die Sonne und sagte: Nein, ich schlafe nicht. Ich muß hier aufpassen. Der Mann nickte: So, dafür hast du wohl den großen Stock da?

Ja, antwortete Jürgen mutig und hielt den Stock fest.

Worauf paßt du denn auf?

Das kann ich nicht sagen. Er hielt die Hände fest um den Stock.

Wohl auf Geld, was? Der Mann setzte den Korb ab und wischte das Messer an seinen Hosenbeinen hin und her.

Nein, auf Geld überhaupt nicht, sagte Jürgen verächtlich. Auf ganz etwas anderes. Na, was denn?

Ich kann es nicht sagen. Was anderes eben.

Na, denn nicht. Dann sage ich dir natürlich auch nicht, was ich hier im Korb habe. Der Mann stieß mit dem Fuß an den Korb und klappte das Messer zu.

Pah, kann mir denken, was in dem Korb ist, meinte Jürgen geringschätzig, Kaninchenfutter.

Donnerwetter, ja! sagte der Mann verwundert, bist ja ein fixer Kerl. Wie alt bist du denn?

Neun. Oha, denk mal an, neun also. Dann weißt du ja auch, wieviel drei mal neun sind, wie?

Klar, sagte Jürgen, und um Zeit zu gewinnen, sagte er noch: Das ist ja ganz leicht. Und er sah durch die Beine des Mannes hindurch.

Dreimal neun, nicht? fragte er noch einmal, siebenundzwanzig. Das wußte ich gleich.

Stimmt, sagte der Mann, und genau soviel Kaninchen habe ich.

Jürgen machte einen runden Mund: Siebenundzwanzig?

Du kannst sie sehen. Viele sind noch ganz jung. Willst du?

Ich kann doch nicht. Ich muß doch aufpassen, sagte Jürgen unsicher. Immerzu? fragte der Mann, nachts auch?

Nachts auch. Immerzu. Immer. Jürgen sah an den krummen Beinen hoch. Seit Sonnabend schon, flüsterte er.

Aber gehst du denn gar nicht nach Hause? Du mußt doch essen.

Jürgen hob einen Stein hoch. Da lag ein halbes Brot und eine Blechschachtel. Du rauchst? fragte der Mann, hast du denn eine Pfeife?

Jürgen faßte seinen Stock fest an und sagte zaghaft: Ich drehe. Pfeife mag ich nicht.

Schade, der Mann bückte sich zu seinem Korb, die Kaninchen hättest du ruhig mal ansehen können. Vor allem die Jungen. Vielleicht hättest du dir eines ausgesucht. Aber du kannst hier ja nicht weg.

Nein, sagte Jürgen traurig, nein, nein.

Der Mann nahm den Korb hoch und richtete sich auf. Na ja, wenn du hierbleiben mußt – schade. Und er drehte sich um.

Wenn du mich nicht verrätst, sagte Jürgen da schnell, es ist wegen den Ratten. Die krummen Beine kamen einen Schritt zurück: Wegen den Ratten?

Ja, die essen doch von Toten. Von Menschen. Da leben sie doch von.

Wer sagt das?

Unser Lehrer.

Und du paßt nun auf die Ratten auf? fragte der Mann.

Auf die doch nicht! Und dann sagte er ganz leise: Mein Bruder, der liegt nämlich da unten. Da. Jürgen zeigte mit dem Stock auf die zusammengesackten Mauern. Unser Haus kriegte eine Bombe. Mit einmal war das Licht weg im Keller. Und er auch. Wir haben noch gerufen. Er war viel kleiner als ich. Erst vier. Er muß hier ja noch sein. Er ist doch viel kleiner als ich.

Der Mann sah von oben auf das Haargestrüpp. Aber dann sagte er plötzlich: Ja, hat euer Lehrer euch denn nicht gesagt, daß die Ratten nachts schlafen?

Nein, flüsterte Jürgen und sah mit einmal ganz müde aus, das hat er nicht gesagt. Na, sagte der Mann, das ist aber ein Lehrer, wenn er das nicht mal weiß. Nachts schlafen die Ratten doch. Nachts kannst du ruhig nach Hause gehen. Nachts schlafen sie immer.

Wenn es dunkel wird, schon.

Jürgen machte mit seinem Stock kleine Kuhlen in den Schutt. Lauter kleine Betten sind das, dachte er, alles kleine Betten.

Da sagte der Mann (und seine krummen Beine waren ganz unruhig dabei): Weißt du was? Jetzt füttere ich schnell meine Kaninchen und wenn es dunkel wird, hole ich dich ab. Vielleicht kann ich eins mitbringen. Ein kleines oder, was meinst du? Jürgen machte kleine Kuhlen in den Schutt. Lauter kleine Kaninchen. Weiße, graue, weißgraue. Ich weiß nicht, sagte er leise und sah auf die krummen Beine, wenn sie wirklich nachts schlafen.

Der Mann stieg über die Mauerreste weg auf die Straße. Natürlich, sagte er von da, euer Lehrer soll einpacken, wenn er das nicht mal weiß.

Da stand Jürgen auf und fragte: Wenn ich eins kriegen kann? Ein weißes vielleicht?

Test 1: Kurzgeschichte

Ich will mal versuchen, rief der Mann schon im Weggehen, aber du mußt hier solange warten. Ich gehe dann mit dir nach Hause, weißt du? Ich muß deinem Vater doch sagen, wie so ein Kaninchenstall gebaut wird. Denn das müßt ihr ja wissen. Ja, rief Jürgen, ich warte. Ich muß ja noch aufpassen, bis es dunkel wird. Ich warte bestimmt. Und er rief: Wir haben auch noch Bretter zu Hause. Kistenbretter, rief er.

Aber das hörte der Mann schon nicht mehr. Er lief mit seinen krummen Beinen auf die Sonne zu. Die war schon rot vom Abend, und Jürgen konnte sehen, wie sie durch die Beine hindurchschien, so krumm waren sie. Und der Korb schwenkte aufgeregt hin und her. Kaninchenfutter war da drin. Grünes Kaninchenfutter, das war etwas grau vom Schutt.

Wolfgang Borchert: Nachts schlafen die Ratten doch. Aus: Wolfgang Borchert. Das Gesamtwerk. Hrsg. von Michael Töteberg unter Mitarbeit von Irmgard Schindler.

1 **Lies den Text mehrmals. Teile den Text in Sinnabschnitte ein und untersuche die Figurenkonstellation. Schreibe in dein Heft.**

2 **Weise die Merkmale einer Kurzgeschichte an diesem Text nach.**

Merkmal	Nachweis
geradliniger, linearer Aufbau; Höhepunkt fällt mit dem Schluss zusammen	
Beschränkung auf wenige Personen, die meist anonym bleiben	
offener Anfang (d. h. keine Einleitung) und offener Schluss (keine abschließende Lösung)	
wenig äußere Handlung, einfache Sprache	

3 **Fasse nun den Inhalt der Geschichte in einem kurzen Text zusammen.**

____

____

____

____

____

____

____

4 **Bestimme die Erzählperspektive.**

____

____

5 **Notiere eine erste Deutung des Textes in maximal zwei Sätzen.**

____

____

____

üben

Test 2: Interpretation

1 **Um eine Interpretation zur Kurzgeschichte *Nachts schlafen die Ratten doch* von Wolfgang Borchert verfassen zu können, sind noch weitere Vorarbeiten notwendig. Beantworte deshalb die folgenden Leitfragen.**
Nutze dazu auch deine Ergebnisse aus Test 1.

a) Von wem erfahren wir die Geschichte?
b) Wie ist der Text aufgebaut? (inhaltliche Struktur, z. B. Stationen des Geschehens, Spannungsmomente, Höhe- und Wendepunkte)
c) Wo und wann spielt die Geschichte?
d) Welche Personen sind beteiligt?
(Charakterisierung der Personen und ihrer Beziehung)
e) Wie ist der Text sprachlich gestaltet? (Zeitform, Satzbau, Wortschatz, weitere sprachliche Mittel)
f) In welcher Beziehung stehen Text und Titel?
g) Wie verhalten sich Anfangs- und Schlusssatz zueinander?

2 **Fasse nun deine Ergebnisse zu einer ersten Deutung zusammen.**

Achte bei der Formulierung der ersten Deutung auf eine deutliche Wortwahl. Beginne mit dem Ort und der Zeit des Geschehens. Äußere dich anschließend zum Problem des Textes, indem du dieses möglichst genau benennst.

Test 3: Lyrik – Inhalt und Form

üben

1 **Lies das Gedicht, mache am Rand Notizen zur äußeren Form (Strophe, Verse, Reim, Metrum) und fasse knapp den Inhalt jeder Strophe zusammen.**

Das Mädchen an den Mai *von Eduard Mörike*

Es ist doch im April fürwahr
Der Frühling weder halb noch gar;
Komm, Rosenbringer, süßer Mai,
Komm du herbei,
So weiß ich, was der Frühling sei!

– Wie aber? Soll die erste Gartenpracht,
Narzissen, Primeln, Hyazinthen,
Die kaum die hellen Augen aufgemacht,
Schon welken und verschwinden?
Und mit euch besonders, holde Veilchen,
Wär es dann fürs ganze Jahr vorbei?
Lieber, lieber Mai,
Ach, so warte noch ein kleines Weilchen!

Eduard Mörike: Gedichte. Hamburger Lesehefte Verlag, Husum, S. 57

- 2 Strophen
- 1 Strophe hat 5 Verse
- 2 Strophe hat 8 Verse
- 1 Strophe ist ein Paarreim
- Der Reim ist immer am Ende der Strophe
- Es ist ein Kreuzreim
- Der. Rein ist immer am Ende der Strophe

1. Strophe: Das Lyriches ich will das der April schnell vorbeigehen soll weil, er nicht weiß was Frühling sonst ist, (Verse: 3-5)
2. Strophe:
Das Lyrisches ich will das der Mai kommen soll. (Vers: 6-8)

2. Ein Mädchen wendet sich als das Lyrisches Ich um den Mai zu holen, daber als der Frühling fast vorbei wahr und die Blummen schohn ~~Bl~~. verblüht sind sagt sie das der Mai noch varten sollte

2 **Wer ist das lyrische Subjekt? An wen richtet es sich und warum? Untersuche dazu auch die Überschrift und überlege, welche Situation dargestellt wird. Welche unterschiedliche Position bezieht das lyrische Subjekt in der 1. und 2. Strophe? Schreibe in dein Heft.**

3 **Wodurch verdeutlicht der Dichter den Sinneswandel des lyrischen Subjekts? Schreibe in dein Heft.**

Der Sinneswandel des Lyrischen Ichs war, als der Frühling schohn fast vorbei war. Dadurch muss der Mai noch warten.

4 **Unterstreiche im Gedicht, wie der Mai beschrieben wird.**

Klassenarbeit Nr. 7

50 min

Das letzte Buch *von Marie Luise Kaschnitz*

Das Kind kam heute spät aus der Schule heim. Wir waren im Museum, sagte es. Wir haben das letzte Buch gesehen.
Unwillkürlich blickte ich auf die lange Wand unseres Wohnzimmers, die früher einmal mehrere Regale voller Bücher verdeckt haben, die aber jetzt leer ist und weiß getüncht, damit das neue plastische Fernsehen darauf erscheinen kann.
Ja und, sagte ich erschrocken, was war das für ein Buch?
Eben ein Buch, sagte das Kind. Es hat einen Deckel und einen Rücken und Seiten, die man umblättern kann.
Und was war darin gedruckt? fragte ich.
Das kann ich doch nicht wissen, sagte das Kind. Wir durften es nicht anfassen. Es liegt unter Glas.
Schade, sagte ich.
Aber das Kind war schon weggesprungen, um an den Knöpfen des Fernsehapparates zu drehen. Die große weiße Wand fing an sich zu beleben, sie zeigte eine Herde von Elefanten, die im Dschungel eine Furt durchquerten. Der trübe Fluss schmatzte, die eingeborenen Treiber schrien. Das Kind hockte auf dem Teppich und sah die riesigen Tiere mit Entzücken an.
Was kann da schon drinstehen, murmelte es, in so einem Buch.

1 **Lies den Text oben mehrmals.**
Berücksichtige zunächst die gegebenen Schwerpunkte und erarbeite eine Stoffsammlung. Was erfährst du über Ort und Zeit, die handelnden Personen und den Handlungsverlauf?

/10

können

2 **Bestimme die Erzählperspektive und die Beziehung zwischen Titel und Text.** /3

3 **Formuliere eine Interpretationshypothese.** /5

4 **Benenne die Textart und begründe die Zuordnung.** /6

5 **Welche sprachlich-stilistischen Besonderheiten und welche weiteren formalen Auffälligkeiten sind charakteristisch für den Text?** /4

erreichte Punktzahl
/ 28

verstehen

7 Beschreibung

Allgemeine Merkmale

Die Beschreibung ist eine wichtige Form der sachlichen Darstellung.
Jede Beschreibung ist durch ihren Zweck bestimmt. Dabei ist bei der sprachlichen Gestaltung zu beachten, für wen die Beschreibung bestimmt ist sowie welches Vorwissen und welche Interessen der Adressat hat.
Eine wesentliche Voraussetzung sind eine genaue Kenntnis des Gegenstands oder Vorgangs und die Beherrschung der notwendigen Fachausdrücke. In der Regel verwendet man die unpersönliche Ausdrucksweise (Passiv oder man-Form).

Entsprechend dem Zweck und dem Inhalt lassen sich zwei übergeordnete Arten der Beschreibung unterscheiden.
1. Vorgangsbeschreibung
2. Gegenstandsbeschreibung
Weitere Formen sind z. B. die Personenbeschreibung, die Wegbeschreibung, die Beschreibung von Orten und Gebäuden oder auch die Bildbeschreibung.

Vorgangsbeschreibung

Vorgangsbeschreibungen sind häufig Anleitungen, beispielsweise Bastelanleitungen, Spielanleitungen, Bedienungsanleitungen, Back- und Kochanleitungen.
Wie pflegt man Kakteen?

Sie stellen wiederholbare Abläufe dar und verfolgen den Zweck, dass diese Abläufe vom Adressaten nachvollzogen werden können.
Dazu müssen die Teilvorgänge **sachlich richtig** und **in der korrekten Reihenfolge** dargestellt werden.

Sprachliche Besonderheiten

Beschreibungen werden meist im Präsens unter Verwendung von Imperativformen abgefasst. In der Regel verwendet man die unpersönliche Ausdrucksweise (Passiv oder man-Form).

Beschreiben von Entwicklungsprozessen

Im Fachunterricht findet man sehr oft besondere Vorgangsbeschreibungen, die der Erläuterung von Fragen aus den unterschiedlichsten Wissensgebieten (z. B. Natur und Technik) dienen.
Entstehung eines Flussdeltas
In diesem Fall soll die Beschreibung informieren und das Erkennen von Zusammenhängen ermöglichen. Einzelne Phasen müssen genau gekennzeichnet und gegebenenfalls Ursachen für die Entwicklung dargestellt werden.

Gegenstandsbeschreibung

Man kann Gegenstände der verschiedensten Art beschreiben. Dabei unterscheidet man zwischen **konkreten (1)** und **abstrakten (2)** Gegenständen.
(1) Beschreibe den Aufbau und die Funktion eines Fotoapparates.
(2) Beschreibe die Ständeordnung im Mittelalter.

Mögliche Reihenfolge:
- mit der Funktion beginnen (bei konkreten Gegenständen)
- dann vom Allgemeinen zum Speziellen
- vom Wichtigsten/Auffälligsten zum Nebensächlichen
- von oben nach unten oder von außen nach innen usw.

Vergleichendes Beschreiben

Die Beschreibungen von Gegenständen und Vorgängen werden oft miteinander verknüpft, wenn z. B. bestimmte Gegenstände benötigt werden, um einen Vorgang auszuführen.
Manchmal ist es auch notwendig, Vergleiche unter einem bestimmten Gesichtspunkt anzustellen.
Vergleich der EU-Länder unter dem Gesichtspunkt der wirtschaftlichen Entwicklung
Dazu werden zunächst jeweils die Merkmale genannt und beschrieben und dann Gemeinsamkeiten und Unterschiede herausgearbeitet.

Personenbeschreibung

Die Beschreibung von Personen kann sich auf die Darstellung der äußeren Erscheinung beschränken, sie kann aber auch auf charakteristische Eigenschaften, Vorlieben und Verhaltensweisen eingehen.

Äußere Erscheinung:
Achte bei deiner Darstellung auf eine logische Reihenfolge und beschreibe vom Allgemeinen zum Speziellen bzw. von oben nach unten.
- Allgemeine Erscheinung:
  Alter, Geschlecht, Größe, Figur – schlank
- Einzelne Körperteile:
  Kopf/Kopfform – rund, oval
- Kleidung und Schmuck, besonderes Zubehör
- Mimik und Gestik
- Besondere Auffälligkeiten
  hinkender Gang

Verhaltensweisen, Vorlieben, Eigenarten:
Hier werden besonders auffällige und für die Person typische Eigenschaften angeführt, die sie von anderen Personen unterscheiden.
fröhliches und ausgeglichenes Wesen,
oft streitsüchtig, glucksendes Lachen,
markantes Niesen, Tagträumerei

Die gegebenen Beispiele zeigen, dass zur Beschreibung von Personen vor allem Adjektive verwendet werden. Auch Vergleiche eignen sich gut zur Veranschaulichung.

Eine besondere Form der Personenbeschreibung ist die literarische Charakteristik. Hier wird eine Person aus einem literarischen Werk beschrieben. Dazu müssen zuvor der Text intensiv erschlossen und die Besonderheiten der literarischen Figur herausgearbeitet werden.

Wie außerordentlich gelungen in einem literarischen Werk Personen beschrieben werden können, zeigt dieses Beispiel:
Aschenbach, ohne sich sonderlich in die Frage zu vertiefen, neigte zur ersteren Annahme. Mäßig hochgewachsen, mager, bartlos und auffallend stumpfnäsig, gehörte der Mann zum rothaarigen Typ und besaß dessen milchige und sommersprossige Haut. Offenbar war er durchaus nicht bajuwarischen Schlages: wie denn wenigstens der breit und gerade gerandete Basthut, der ihm den Kopf bedeckte, seinem Aussehen ein Gepräge des Fremdländischen und Weitherkommenden verlieh. Freilich trug er dazu den landesüblichen Rucksack um die Schultern geschnallt, einen gelblichen Gurtanzug aus Lodenstoff, wie es schien, einen grauen Wetterkragen über dem linken Unterarm, den er in die Weiche gestützt hielt, und in der Rechten einen mit eiserner Spitze versehenen Stock, welchen er schräg gegen den Boden stemmte und auf dessen Krücke er, bei gekreuzten Füßen, die Hüfte lehnte. Erhobenen Hauptes, so daß an seinem hager dem losen Sporthemd entwachsenden Halse der Adamsapfel stark und nackt hervortrat, blickte er mit farblosen, rot bewimperten Augen, zwischen denen, sonderbar genug zu seiner kurz aufgeworfenen Nase passend, zwei senkrechte, energische Furchen standen, scharf spähend ins Weite. So – und vielleicht trug sein erhöhter und erhöhender Standort zu diesem Eindruck bei – hatte seine Haltung etwas herrisch Überschauendes, Kühnes oder selbst Wildes; denn sei es, daß er, geblendet, gegen die untergehende Sonne grimassierte oder daß es sich um eine dauernde physiognomische Entstellung handelte: seine Lippen schienen zu kurz, sie waren völlig von den Zähnen zurückgezogen, dergestalt, daß diese, bis zum Zahnfleisch bloßgelegt, weiß und lang dazwischen hervorbleckten.

Thomas Mann: Der Tod in Venedig. In: ders.: Gesammelte Bände in dreizehn Bänden. Band VIII. Erzählungen. © S. Fischer Verlag GmbH, Frankfurt a. M., 1960, 1974 – In alter Rechtschreibung

Test 1: Vorgänge beschreiben

üben

1 **Wähle für die Beschreibung des Vorgangs jeweils das Verb aus, das den entsprechenden Sachverhalt am besten und genauesten kennzeichnet.**

Vom Sender zum Empfänger
In jeder Radiostation gibt es Studios, in denen Moderatoren und Journalisten arbeiten ▪ hocken ▪ sitzen. In der Technikregie bewacht ▪ bedient ▪ betätigt ein Tontechniker das Mischpult, er überprüft ▪ verzeichnet ▪ beschließt Mikrofone und legt CDs auf. Das Studio ist mit einer Sendezentrale verknüpft ▪ verkabelt ▪ verbunden. Über die Antenne, die an einem hohen Mast befestigt ist ▪ hängt ▪ sitzt, können sich die Radiowellen gut verbreiten ▪ ausbreiten ▪ ausdehnen. Der Sender moduliert die Trägerwelle und verändert ▪ verlängert ▪ verkürzt sie. Der Radioempfänger wählt ▪ sucht ▪ macht die Wellenlänge des gewünschten Radioprogramms aus, demoduliert sie, bekommt ▪ verstärkt ▪ kriegt die so gewonnenen elektrischen Signale und wandelt sie mithilfe des Lautsprechers wieder in Schallwellen um.

2 **Der Text aus Aufgabe 1 enthält eine Reihe von Fachwörtern. Unterstreiche sie und schlage jene in einem Lexikon nach, die du nicht kennst.**

____

____

____

3 **Für die Beschreibung eines Vorgangs ist die Reihenfolge der einzelnen Teilvorgänge entscheidend. Unterstreiche die Wörter, Wortgruppen oder Teilsätze, die den zeitlichen Ablauf verdeutlichen.**

Wie kommen Farbbilder aufs Papier?
Um ein farbiges Bild im 4-Farben-Offsetdruck wiedergeben zu können, müssen die Daten des Bildes (die aus einer Digitalkamera stammen können oder von einem Scanner) in die vier (Druck-)Farben Gelb, Cyan, Magenta und Schwarz umgerechnet werden. Diese Daten sind dann im Computer als Datei gespeichert. Zunächst werden die Bilder im Regelfall erst einmal gesondert angedruckt (auch das geschieht häufig digital), um so die Qualität der Farbwiedergabe zu kontrollieren. Nachdem die Korrekturen ausgeführt und wiederum überprüft wurden, werden Offsetfilme und davon Druckplatten (oder meist gleich die Druckplatten) hergestellt. Diese Platten werden schließlich auf die Zylinder einer Druckmaschine gespannt. Auf seinem Weg durch die Maschine wird das Papier nacheinander mit den Farben Gelb, Cyan, Magenta und Schwarz bedruckt, sodass zum Schluss das Farbbild entsteht.

4 **Beschreibe den Weg einer Zeitungsinformation vom Ereignis zum Leser. Betrachte zunächst die schematische Darstellung und beziehe die gegebenen Begriffe und Fachwörter in deine Beschreibung ein**

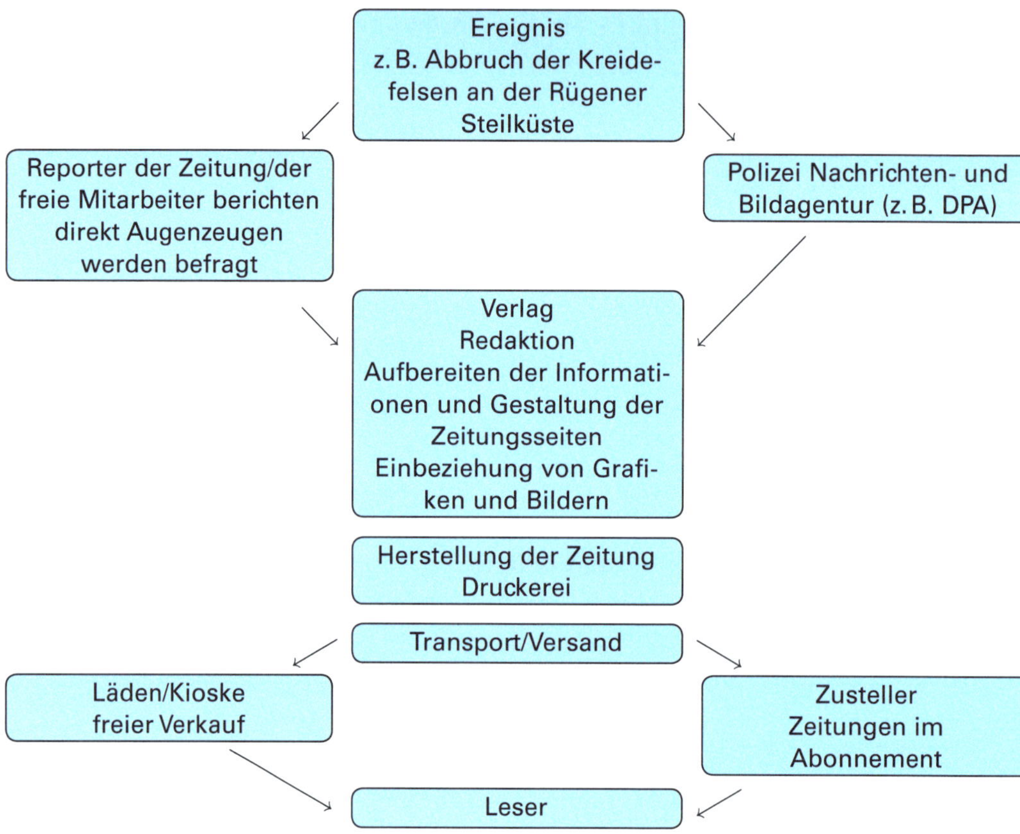

Test 2: Entwicklungsprozesse beschreiben

1 **Vervollständige die Tabelle. Formuliere zu jedem Absatz eine Teilüberschrift.**

Die Entwicklung des Buchdrucks

Als früheste bekannte Form des Druckens kann man die Verwendung von Siegelsteinen ansehen, die als Ersatz für Unterschriften oder auch für religiöse Symbole verwendet wurden.

Um jedoch Bücher zu vervielfältigen, mussten diese mit Tinte und Feder oder Pinsel von Hand kopiert werden. Handgeschriebene Bücher wurden auch in mittelalterlichen Klöstern produziert und galten als überaus wertvoll.

Bewegliche Metallschrifttypen wurden in Europa zuerst Mitte des 15. Jahrhunderts gegossen und mit einer Druckerpresse auf Papier gedruckt. Johannes Gutenberg aus Mainz gilt traditionell als Erfinder des westlichen Buchdrucks.

Während der Renaissance steigerte der Aufstieg eines wohlhabenden und lesekundigen Bürgertums die Nachfrage nach Lesestoff. So wurden auch die Popularität Martin Luthers und die Verbreitung der Reformation erheblich vom steten Strom gedruckter Flugschriften beeinflusst.

Historisch gesehen wurde die große Mehrzahl der Drucke mit dieser mechanischen Methode hergestellt. Moderne Drucktechniken basieren jedoch zunehmend auf photomechanischen und chemischen Prozessen.

Drucken. Encarta Enzyklopädie Professional 2004, Microsoft

Absatz 1	
Absatz 2	
Absatz 3	
Absatz 4	
Absatz 5	

üben

2 **Diese Beschreibung ist ungeordnet.**
Schreibe die Sätze in der logisch richtigen Reihenfolge.

Der Buchdruck, die älteste Form des Druckens, wurde von Johannes Gutenberg um 1440 erfunden. Als Schrifttypen setzte Gutenberg bewegliche Metall-Lettern ein. Ursprünglich bestanden die Druckvorlagen aus Tausenden angeordneter Metalltypen. Die Druckfarbe wurde auf die erhöhten Flächen der Form aufgetragen und danach durch Pressen auf Papier oder Pergament übertragen. So wurden Seiten erstellt, die Text und Graphik enthielten. Einzeln gegossene Buchstaben oder auch Buchstabengruppen bildeten die Typenformen. Holzschnitte und Gravierungen konnten mit Typen kombiniert werden. Er war fünf Jahrhunderte lang das einzig brauchbare Druckverfahren zur Massenproduktion.

Buchdruck. Encarta Enzyklopädie Professional 2004, Microsoft

Test 3: Gegenstände beschreiben

üben

1 **Im folgenden Text sind eine Reihe charakterisierender Wörter ausgelassen worden. Füge sie wieder sinnentsprechend in den Text ein.**

automatisch ▪ einfallenden ▪ eingestellten ▪ elektronische ▪ klassische ▪ lichtdicht ▪ optischen ▪ veränderbar ▪ zwei

Bauteile eines klassischen Fotoapparates

Der ______________ Fotoapparat besteht aus ______________ Hauptbauteilen: dem Gehäuse und dem Objektiv. Das Gehäuse, in dem sich der Film befindet, ist ______________. Es verfügt über einen Sucher, mit dem der Bildausschnitt bestimmt wird, einen Auslöser, einen Spiegel zur Lenkung des Lichts, einen Verschluss, der sich bei Betätigung des Auslösers mit der ______________ Geschwindigkeit öffnet und schließt, und die Blende, mit der die Menge des ______________ Lichts geregelt werden kann. Jedes Objektiv setzt sich aus verschiedenen ______________ Linsen zusammen. Meist ist die Brennweite des Objektivs ______________. Man fotografiert meist mit Apparaten, bei denen Motoren und ______________ Systeme die Einstellungen ______________ vornehmen.

2 **Welche wesentlichen Bestandteile des Fotoapparates werden beschrieben? Vervollständige die Tabelle.**

Oberbegriffe		
Untergeordnete Bestandteile		

3 **Der Text von Aufgabe 1 enthält einige Erklärungen. Unterstreiche diese. Fällt dir auf, welche Art von Sätzen häufig verwendet wird?**

____

____

____

____

____

üben

Test 4: Personen beschreiben

1 **Gleich zu Beginn seiner Geschichte *Der satanarchäolügenialkohöllische Wunschpunsch* beschreibt Michael Ende den Geheimen Zauberrat Beelzebub Irrwitzer sehr anschaulich.**

Seine lange, knochendürre Gestalt steckte in einem faltenreichen Schlafrock aus giftgrüner Seide. (Giftgrün war die Lieblingsfarbe des Geheimen Zauberrates.) Sein Kopf war klein und kahl und sah irgendwie verschrumpelt aus, wie ein vertrockneter Apfel. Auf seiner Hakennase saß eine mächtige, schwarzrandige Brille mit blitzenden Gläsern, die so dick waren wie Lupen und seine Augen unnatürlich vergrößerten. Seine Ohren standen vom Kopf ab wie Henkel von einem Topf, und sein Mund war so schmal, als wäre er ihm mit einem Rasiermesser ins Gesicht geschnitten worden. Alles in allem war er nicht gerade der Typ, zu dem man auf den ersten Blick Vertrauen fassen würde.

Aus: Michael Ende. Der satanarchäolügenialkohöllische Wunschpunsch.

a) Kreuze an, welche Merkmale beschrieben werden.

☐ Alter	☐ Nase	☐ Beine	☐ Geschlecht
☐ Mund	☐ Kleidung	☐ Figur	☐ Ohren
☐ Vorlieben	☐ Kopf	☐ Oberkörper	☐ Eigenschaften
☐ Augen	☐ Hände	☐ Wirkung	

b) Welche Vergleiche verwendet Michael Ende, um seine Figur besonders anschaulich zu beschreiben?

____

____

____

____

____

2 **Schreibe einige Fragen auf, die geklärt werden müssten, um die Figur des Beelzebub Irrwitzer nicht nur nach seinem Aussehen zu charakterisieren.**

Wie lebt er?

____

____

____

____

____

1 **Lies die folgende Vorgangsbeschreibung. Gliedere den Vorgang der Eisherstellung in Teilvorgänge. Ergänze dazu die Tabelle.**

Zu Besuch in der Eisfabrik

In einer Eisfabrik laufen bis zu 30.000 Eisportionen pro Stunde vom Band. Im Prinzip ist Eiscreme gefrorener Schaum. Um etwa Vanilleeis zu produzieren, braucht man neben Wasser und Milch unter anderem Zucker, Sahne, Eigelb und Vanille oder Vanillearoma.

Die abgewogenen Zutaten kommen zunächst in den Premixer. Die dort vermischte Masse wird anschließend bei einem Druck von bis zu 140 Bar durch eine Art Sieb gepresst. Dieser Prozess heißt Homogenisieren, wörtlich übersetzt: gleich machen. In diesem Fall sind damit das Fett aus der Milch und das Wasser gemeint, die sich normalerweise nicht vermischen. Beim Homogenisieren werden die Fettteilchen so stark verkleinert, dass sie sich gleichmäßig in der Masse verteilen – das macht das Eis später schön cremig. Als Nächstes wird der Mix kurzzeitig erhitzt. Bei über 80 Grad Celsius werden die vorhandenen Keime abgetötet; durch diese Pasteurisierung bleibt das Eis länger haltbar.

Nach dem Hitzeschock darf das Gemisch erst mal für rund sechs Stunden in großen, gekühlten Behältern *reifen*, wie die Experten sagen. So kann sich in der Masse der volle Geschmack entwickeln.

Nach der kurzen Ruhephase läuft der Eismix durch die langen Kühlrohre des *Freezers*. Die sind mit minus 27 Grad Celsius so kalt, dass die süße Masse sofort gefriert, wenn sie die Innenwände der Rohre berührt. Diese gefrorene Schicht wird sogleich von ständig kreisenden Messern abgeschabt. Dadurch bilden sich in dem Mix nur winzig kleine Eiskristalle, die später auf der Zunge nicht zu spüren sind. Gleichzeitig wird die Eismasse mit Luft aufgeschlagen.

Jetzt endlich kommt die Masse *in Form*. Portionsweise wird sie als Stileis, in Waffeln, kleine Becher oder große Vorratspackungen abgefüllt. Das portionierte Eis fährt durch einen Kältetunnel, in dem minus 40 Grad Celsius herrschen. Nach zwei Minuten ist das Ganze erstarrt. Man nennt das auch Schockgefrieren. Das Eis wird nun noch verpackt und kann an die Läden ausgeliefert werden.

Nach: Geolino, Heft Juli 2008

Teilvorgang	Was geschieht?
Homogenisierung	
	Erhitzung auf 80 Grad Celsius, um die Keime abzutöten

Teilvorgang	Was geschieht?
Eismix läuft durch *Freezer*	

/9

2 **Die folgende Beschreibung ist unverständlich, da die Teilvorgänge in der falschen Reihenfolge dargestellt werden. Auch in der richtigen Reihenfolge wird der Text keine *richtige* Beschreibung. Notiere warum.**

Aussaat von Möhren

(1) Möhren sind das Grundnahrungsmittel meiner Zwergkaninchen. Besonders mag ich sie, wenn sie schön knackig sind. Deshalb achte ich darauf, dass unser Möhrenvorrat zu Hause nicht zur Neige geht.

(2) Man kann Möhren aber auch ganz einfach zu Hause anbauen. Je nachdem, wie groß die Möhren sein sollen (die kleinen Möhren schmecken mir am besten, weil sie so schön süß sind), ist Erntezeit.

(3) Man muss regelmäßig gießen.

(4) Nach ein paar Tagen bricht zartes Blattwerk durch. Wenn dann später die grün gefärbten Köpfe der Möhren aus dem Boden ragen, muss man nochmals Erde aufschütten, um diese zu bedecken.

(5) Karotte, Wurzel, Rüebli – die Möhre ist unter vielen Namen bekannt. Ihr wahres Ich verbirgt sie bis zur Ernte im Dunkeln der Erde. Dann kommt die Möhre meist orangefarben zum Vorschein. Doch es gibt von weiß bis schwarz weltweit Dutzende Sorten, eine jede anders gefärbt.

(6) Füllt einen Balkonkasten bis fünf Zentimeter unter den Rand mit Erde. Zieht dann mit einem Stift eine ein Zentimeter tiefe Furche und legt im Abstand von fünf Zentimetern einzelne Samen hinein. Füllt die Furche mit Erde und stellt den Kasten an einen sonnigen bis halbschattigen Platz.

(7) Die Erde darf nicht zu feucht werden.

Nach: Geolino, Heft März 2008

Richtige Reihenfolge: ______________________________

„Fehler“ des Textes: ______________________

____

/8

erreichte Punktzahl

/ 17

8 Bericht

Allgemeine Merkmale

Der Bericht ist wie die Beschreibung eine Form der **sachlichen** Darstellung.
Er dient der genauen und zuverlässigen Information und soll Fakten, Tatsachen und Ereignisse wahrheitsgetreu und sachlich wiedergeben.
Der Zweck und der Adressat bestimmen Umfang und Form des Berichts.

Arten

Wir unterscheiden **ausführliche und knappe Berichte**, die sich in verschiedenen Bereichen finden lassen, etwa Unfallberichte, Zeugenberichte, Wetterberichte, Sportberichte oder auch Veranstaltungsberichte.
Eine besonders knappe Form ist die **Meldung**.
Eine weitere Sonderform des Berichts stellt das **Protokoll** dar.

Inhalt

In einem Bericht wird entweder Auskunft über bereits Geschehenes gegeben, dann verwendet man die Tempusform Präteritum, oder es werden grundsätzliche Sachverhalte bzw. noch andauernde Ereignisse dargestellt. In diesem Fall wird die Tempusform Präsens verwendet.
Entscheidend ist die Orientierung an den **W-Fragen**.
- **W**er ist beteiligt?
- **W**as ist geschehen?
- **W**ann ist es geschehen?
- **W**o ist es geschehen?
- **W**ie ist das Geschehen abgelaufen?
- **W**arum ist es geschehen?
- **W**elche Folgen gibt es?

Sprachliche Gestaltung

Die genaue Darstellung erfordert:
- Exakte Angaben (Ort, Zeit, Namen ...)
- Einhaltung der sachlich korrekten und logischen Reihenfolge
- Sachliche, nüchterne, klare Sprache ohne Ausschmückungen
- Treffende Wortwahl
- Keine wörtliche Rede

Zeitungsberichte

Die in den Zeitungen veröffentlichten **Nachrichten** sind kurze Berichte und geben tatsachenbestimmte Informationen über einen Sachverhalt in einer kurzen, präzisen Sprache.
Der **Zeitungsbericht** ist eine journalistische Mitteilungsform, die über die knappe Nachricht hinaus detaillierte Informationen **(Sachbericht)** und gegebenenfalls auch kommentierende Elemente enthält **(Erlebnisbericht)**.
Die **Meldung** ist die nachrichtliche Kurzform des Berichts und beschränkt sich auf die knappste Beantwortung der wichtigsten W-Fragen.

Protokoll

Protokolle werden in vielen Bereichen des Lebens angefertigt, z. B. bei Sitzungen, Veranstaltungen, Diskussionen, bei Gerichtsverhandlungen, auf Tagungen und auch im Unterricht, insbesondere bei Experimenten.
Mithilfe des Protokolls ist zu einem späteren Zeitpunkt nachprüfbar, worüber gesprochen und was beschlossen wurde. Für die Richtigkeit der gemachten Angaben bürgt der Protokollant mit seiner Unterschrift.

Es gibt auch beim Protokoll eine ausführliche und eine knappe Form.

1. Das **Verlaufsprotokoll** stellt den genauen Verlauf eines Ereignisses dar. Hier wird festgehalten, was in welcher Reihenfolge konkret passiert ist und was gesagt wurde.
2. Das **Ergebnisprotokoll** konzentriert sich auf die Ergebnisse eines Ereignisses und hält diese in knapper Form nach verschiedenen Themenaspekten geordnet fest.

Äußere Form des Protokolls

Da es wichtig ist, den Inhalt eines Protokolls schnell erfassen zu können, hat sich eingebürgert, bestimmte formale Kriterien bei der Abfassung eines Protokolls einzuhalten. Es ist also keine Schickane oder bloße Pflichtübung, wenn es gilt, beim Schreiben eines Protokolls Regeln zu kennen und diesen zu folgen.
Du wirst, wenn du Protokolle zu schreiben hast, auch schnell einen weiteren Vorteil solcher Regeln erkennen: Man vergisst weniger schnell etwas Wichtiges.

Beispielaufbau

Protokollkopf

Protokoll
Einstein-Gymnasium Neustadt

Einstein-Gymnasium Neustadt, 22.1.2007 ← Datum, Uhrzeit, Ort
Diskussion zum Thema: Abendprogramm auf der Klassenfahrt ← Thema der Veranstaltung
Anwesende: Klasse 8c*
Protokollant: Max Schmidt ← Protokollant/Protokollantin

Protokollhauptteil

Ablauf: ← Tagesordnung Entsprechend der gewählten Protokollform werden Teilschritte, Themenaspekte, Ergebnisse, Festlegungen notiert.

1. Unsere Klassensprecherin stellt zunächst die durch das Reiseunternehmen vorgeschlagenen Programmpunkte unserer Klassenfahrt vor, die generell befürwortet wurden.
2. Zur Ergänzung werden verschiedene zusätzliche Aktivitäten vorgeschlagen.
   Lisa möchte eine Lesenacht durchführen. Tina und Mark möchten diese mit einer Modenschau und Karaokesingen verbinden. Axel und Tom schlagen ein Tischtennisturnier oder eine Nachtwanderung vor ...
3. ...
4. ...**

Protokollschluss

23.1.2007 Max Schmidt ← Datum, Unterschrift des Protokollanten/der Protokollantin

* Anwesende müssen mitunter namentlich genannt werden. Wurde zu einer Veranstaltung ein bestimmter Personenkreis eingeladen, kann es sinnvoll sein, Abwesende zu erwähnen.

** Wenn in der Einladung zur Veranstaltung eine Tagesordnung angegeben war, ist es nötig, im Protokoll abschließend zu erwähnen, welche Themen nicht behandelt wurden (und warum).

üben

Test 1: Sachliche und persönliche Texte

1 **Vergleiche die beiden folgenden Texte über eine Fahrt nach Paris. Worin unterscheiden sie sich? Unterstreiche dazu auch in jedem Text die Wörter und Wortgruppen, die die W-Fragen genau beantworten.**

Text A
Schon zum wiederholten Male fuhren Schüler der zwölften Klasse unserer Schule im Juni 2011 im Rahmen einer Studienfahrt nach Paris. Auf dem Programm stand die Besichtigung des Musee d'Orsay, des Eiffelturms, des Louvres und anderer Sehenswürdigkeiten. Die im Anschluss an die Fahrt entstandenen Schülerarbeiten können ab sofort in der Schule besichtigt werden.

Text B
Wir, ein Teil der ehemaligen 12. Klasse, machten uns im Juni 2011 auf nach Paris, wo schon Heinrich Heine, Vincent van Gogh und andere Künstler waren. Wenn man sich Paris vorstellt, dann hat man kleine Cafés und Häuser mit zahlreichen Balkons vorm geistigen Auge. Und so war es dann auch. Unter anderem haben wir den Invalidendom, in dem der Sarkophag von Napoleon aufbewahrt wird, das Musee d'Orsay, dessen Gebäude früher ein Bahnhof war, den Triumphbogen, um den wir mindestens fünfmal herum gefahren sind und dennoch seine wahre Größe nicht erfassen konnten, und den Louvre, in dem die Mona Lisa von Leonardo da Vinci ausgestellt ist, besucht. Und natürlich, nicht zu vergessen, waren wir am bzw. auf dem Eiffelturm, dem Symbol von Paris, welcher 1889 für eine Weltausstellung von Gustav Eiffel erbaut wurde. Er ist wahrhaftig ein Monstrum aus Stahl, aber mit einem faszinierenden Ausblick. In der Nacht wird der Turm beleuchtet und glitzert zu jeder vollen Stunde – einfach nur bezaubernd.

____

____

____

____

____

2 **Formuliere folgende Sachverhalte knapper und präziser, sodass sie sich für einen Bericht eignen. Schreibe in dein Heft.**

a) Gleich nachdem wir in der Jugendherberge angekommen waren, holte uns eine Stadtführerin zu einem Rundgang durch die Stadt ab.

b) Am besten gefiel uns, dass wir die alte Burg besichtigten, als es bereits dunkel wurde.

Test 2: Analyse eines Berichts

1 **Setze die Verben in der richtigen Form ein.**

Schwerer Unfall bei Glätte

Wegen unangepasster Geschwindigkeit auf glatter Straße ____________ (kommen) es gestern gegen 14.30 Uhr zwischen Roggentin und Granzow zu einem Unfall. Der junge Fahrer ____________ dabei leicht ____________ (verletzen), die Freundin schwer. Das Auto, das auf den Vater des Fahrzeugführers ____________ (zulassen), ____________ von der Straße ____________ (abkommen) und frontal gegen einen Baum ____________ (prallen). Es ____________ (entstehen) Totalschaden.

Aus: Nordkurier, Strelitzer Zeitung, 12.2.2007

2 **Welche W-Fragen beantwortet der Bericht?**
Schreibe die Fragen und die Antworten auf.

____

____

____

____

____

____

____

____

____

____

____

Test 3: Zeitungsbericht

üben

1 **Im folgenden Text werden an einigen Stellen Wertungen deutlich. Lies den Text und markiere diese Stellen. Welche Wirkung soll erreicht werden?**

Deo löst Feueralarm aus

Junge Schülerinnen haben sich gestern Morgen in der Jugendherberge in Büsum (Schleswig-Holstein) zu intensiv mit Deodorants eingesprüht und so einen Feueralarm in dem Gebäude ausgelöst. Die wohlriechenden Duftschwaden zogen in der Damentoilette in die Decke und aktivierten den dort installierten Brandmelder. Drei Feuerwehrfahrzeuge und ein Streifenwagen rasten zu dem vermeintlichen Unglücksort. „Die jungen Mädchen kommen in Zukunft hoffentlich mit weniger Duftstoffen aus", sagte Polizeisprecher Holger Buttgereit anschließend etwas gereizt.

Aus: Nordkurier, Strelitzer Zeitung, 10./11.2.2007

2 **Betrachte bei dieser Nachricht besonders die Verben.**
In welcher Form werden sie besonders häufig verwendet und warum?

Bücher ohne Chance

Die Stiftung Lesen befürchtet katastrophale Auswirkungen auf Wirtschaft und Gesellschaft, falls Jugendliche weiter so wenig lesen.

Schon jetzt bekämen 15 Prozent der Lehrstellenbewerber in Deutschland keinen Ausbildungsplatz, weil sie nicht genügend lesen und schreiben könnten, sagte der Geschäftsführer der Stiftung Klaus Ring gestern. Zwischen 1990 und 1995 habe sich das Bücherlesen bei Jugendlichen um 25 Prozent reduziert. Im Durchschnitt läsen die jungen Leute nur neun Minuten am Tag, aber sie verbrächten 136 Minuten vor dem Fernseher. Studien belegten, dass das Buch in „den neuen elektronischen Kinderzimmern" kaum noch eine Chance habe, meinte Ring. Zudem nehme die Zahl der jungen Familien zu, in denen es überhaupt keine Bücher mehr gebe.

Aus: Zeitung in der Schule, Materialien zu den Unterrichtsempfehlungen, IZOP-Institut, Aachen

3 **Fasse nun zusammen, wodurch sich die beiden Beispieltexte unterscheiden. Schreibe in dein Heft.**

Test 4: Protokoll

üben

1 **Welche Protokollform ist jeweils geeignet? Kreuze an.**

	Situation	Verlaufs-protokoll	Ergebnis-protokoll
a)	Ein Schüler verletzt sich im Sportunterricht. Der Unfall-hergang muss protokolliert werden.	☐	☐
b)	Der Schulverein berät darüber, welche Vorhaben im kommenden Schuljahr unterstützt werden sollen.	☐	☐
c)	Eure Schulklasse besucht eine Gerichtsverhandlung. Die Protokollantin schreibt eifrig mit.	☐	☐
d)	Du beobachtest einen Auffahrunfall auf dem Schulweg. Ein Polizist bittet dich, deine Beobachtungen zu Protokoll zu geben.	☐	☐
e)	Deine Sportgruppe diskutiert über das Trainingslager in den Sommerferien.	☐	☐

2 **Lies den Auszug aus dem folgenden Verlaufsprotokoll.**

Einstein-Gymnasium Neustadt, 22.1.2011
Diskussion zum Thema: **Abendprogramm auf der Klassenfahrt**
Anwesende: Klasse 8c
Protokollant: Max Schmidt

Ablauf:
1. Unsere Klassensprecherin stellt zunächst die durch das Reiseunternehmen vorgeschlagenen Programmpunkte unserer Klassenfahrt vor, die generell befürwortet wurden.
2. Zur Ergänzung werden verschieden zusätzliche Aktivitäten vorgeschlagen. Lisa möchte eine Lesenacht durchführen. Tina und Mark möchten diese mit einer Modenschau und Karaokesingen verbinden. Axel und Tom schlagen ein Tischtennisturnier oder eine Nachtwanderung vor ...

23.1.2011
Max Schmidt

a) Zu welcher Thematik wird diskutiert?

____

____

b) Welche Ergebnisse wurden erzielt?
(Nimm dabei an, dass alle Vorschläge auch angenommen wurden)

____

____

Klassenarbeit Nr. 9

40 min

können

1 **Für die neue Ausgabe der Schülerzeitung wurde der folgende Bericht über die Schülerratswahlen verfasst. Hilf dem Chefredakteur bei der Korrektur. Schreibe den korrigierten Bericht unter Verwendung von Absätzen, nachdem du für dich als Vorarbeit herausgefunden hast, welche Informationen unwesentlich sind und wie die Reihenfolge der Informationen verbessert werden kann. Berücksichtige auch die richtige Verwendung von Aktiv und Passiv.**

Am 25. September 2010 fanden die lang erwarteten Wahlen zum Schülerrat des Johann-Wolfgang-Goethe-Gymnasiums in Seehausen statt. Um 14:00 Uhr sollte es losgehen, aber erst zwanzig Minuten später waren alle Klassenvertreter anwesend. Nachdem der Schülerratsvorsitzende Jens Müller aus der 10/5 über das vergangene Schuljahr berichtet hatte, begann eine teilweise chaotische Diskussion darüber, warum der Schülerrat in der Schulkonferenz für die neuen Pausenzeiten gestimmt hat. Besonders Simone (im roten Shirt) und Daniela (mit grün eingefärbten Haaren) aus den 8. Klassen übten daran Kritik. Jens Müller und den anderen Mitgliedern des Schülerrates wurde vorgeworfen, diese Entscheidung nicht mit den Schülern diskutiert zu haben. Es kam zu teilweise sehr lautstarken Protesten. Anschließend wurden die Kandidaten vorgestellt. Kritisiert wurde von Michael aus der 9/5, dass zu viele Schüler aus den 12. Klassen nominiert wurden. Schließlich wurde gewählt. Dem neuen Schülerrat gehören an: Franziska (7/4), Paul (8/3), Ingo (9/2), Jens (10/5), Lisa (12/2) und Jakob (12/4). Als neuer Vorsitzender wurde erneut Jens gewählt. Die Schülerzeitung gratuliert dem neuen Schülerrat.
Setzt euch doch bitte für einen neuen Computer für die Schülerzeitungsredaktion ein.

können

/30

erreichte Punktzahl

/ 30

Klassenarbeit Nr. 10

40 min

können

1 **Formuliere mithilfe der gegebenen Fakten einen Bericht.**

Was? „Books4U" – deutschlandweit größte nichtkommerzielle Kinder- und Jugendbuchmesse
Wann? 14.–28. Februar 2010, täglich 10–19 Uhr geöffnet
Wo? Meckenheim (Rheinland), im Gymnasium
Wie? Werbeaktion:
etwa 200 verpackte Bücher auf Parkbänken, in Einkaufszentren, in der Bahn und in Arztpraxen

Messe:
Ausstellen von 3000 Büchern, CDs und DVDs
größtenteils Neuerscheinungen des Jahres 2009
Zeigen von Kinderfilmen
Organisation von Lesungen

/20

erreichte Punktzahl

/ 20

9 Argumentation

verstehen

Begriff

Ein Argument ist eine **überzeugende Begründung**. Es besteht aus einer Behauptung (These), einer Erläuterung und einem illustrierenden (veranschaulichenden) Beispiel. Argumentieren heißt also, begründet einen Standpunkt darstellen und vertreten.

Anliegen

Der Verfasser einer Argumentation hat das Ziel, seinen Ansprechpartner von seinem Standpunkt zu überzeugen.
Ansprechpartner können eine oder mehrere Personen sein, mit der oder denen man sich in einer Diskussion befindet, z. B. in der Klasse, wenn es um das Ziel der nächsten Klassenfahrt geht. Eine Argumentation kann aber auch für eine breitere Öffentlichkeit verfasst werden, z. B. in Form eines Leserbriefes an die Zeitung, in dem man einer in der Zeitung geäußerten Meinung zustimmt oder widerspricht.

Gliederung

Eine Argumentation wird wie jeder Aufsatz in **Einleitung**, **Hauptteil** und **Schluss** gegliedert. In der Einleitung sollten Begriffe geklärt und sollte zum Thema der Argumentation hingeführt werden, im Schluss klingt das Thema aus, indem beispielsweise auf die Aktualität verwiesen wird.

Für die Gestaltung des Hauptteils – also der eigentlichen Argumentation – gibt es zwei grundsätzliche Möglichkeiten der Gestaltung.
Man kann die Argumentation mit der Formulierung seines zu beweisenden Standpunktes beginnen und diesen dann durch die Anführung mehrerer Argumente beweisen. Man nennt das die **deduktive Vorgehensweise.**
Eine weitere Möglichkeit besteht darin, mehrere Argumente aufzuführen und zum Abschluss seinen eigenen Standpunkt, der sich deutlich aus den Argumenten ergibt, zu formulieren. Dies wird auch **induktive Vorgehensweise** genannt.

Unabhängig von der gewählten Gestaltung muss man darauf achten, dass die Argumente zu Argumentationsketten zusammengefügt werden, d. h. es müssen Übergänge formuliert werden. Außerdem ist es wichtig, dass die Argumente nach ihrer Wichtigkeit angeordnet werden. Entweder beginnt man mit dem überzeugendsten Argument oder man endet damit.

Sprachliche Mittel

Eine Argumentation muss **sachlich**, **verständlich** und **treffend** abgefasst werden. These, Erläuterung und Beispiel müssen mithilfe sprachlicher Mittel (Konjunktionen, Adverbien) zu einem Argument verknüpft werden.

Argumente

Argumente haben die Aufgabe, einen Standpunkt zu stützen oder ihn zu widerlegen. Deshalb müssen sie sehr überzeugend formuliert werden. Dabei kann man unterschiedliche Arten von Argumenten unterscheiden.

Das **Faktenargument** stützt sich auf nachprüfbare und mehr oder weniger offensichtliche Tatsachen

Das **Autoritätsargument** versucht, mit dem Bezug auf die Meinung oder Äußerung angesehener Personen zu überzeugen.
Die Wahl der Art des Arguments ist abhängig vom Ansprechpartner.
Welches Argument ist besonders geeignet, den Adressaten zu überzeugen?

Eine Argumentation schreiben

Wenn man eine Argumentation schreibt, sollte man nach folgender Reihenfolge vorgehen:

1. **Analyse des Themas**, d. h. worum geht es?
   Welche Begriffe müssen geklärt werden?
   Was wird behauptet, entspricht oder widerspricht es meinem Standpunkt?
2. **Stoffsammlung:** Alle Gedanken, Rechercheergebnisse usw. werden auf einem Zettel notiert.
3. **Gliederung:** Jetzt muss die Stoffsammlung geordnet werden.
   Fasse deine Gedanken zu Argumenten zusammen. Lege eine Reihenfolge der Argumente fest.
4. **Ausführung:** Nachdem du dir Gedanken zur Einleitung und zum Schluss gemacht hast, kannst du jetzt die gesamte Argumentation schreiben.
5. **Kontrolle:** Lies deine Argumentation kritisch.
   Überlege, ob deine Argumente verständlich und überzeugend sind.
   Hast du die einzelnen Argumente folgerichtig miteinander verknüpft?
   Kontrolliere auch die Rechtschreibung.

Test 1: Merkmale einer Argumentation

üben

1 **Lies die folgende Meinungsäußerung einer Schülerin. Kennzeichne neben dem Text bei den einzelnen Absätzen, ob dort ein Argument oder der Standpunkt der Autorin vorgebracht wird.**

Der ehemalige britische Premierminister Winston Churchill hat mal gesagt: *No Sports*. Daran hat er sich auch sein ganzes Leben lang gehalten und er ist nicht schlecht dabei gefahren, denn er ist immerhin 90 Jahre alt geworden.

Allein im letzten Schuljahr kam es an unserer Schule zu zwei Bein- und einem Armbruch während des Sportunterrichts. Man denke nur an Lisa Müller, die drei Wochen mit ihrem gebrochenen Bein die Schule nicht besuchen konnte.

Weiterhin führt der Sportunterricht auch zu hygienischen Problemen. In der knappen Pausenzeit zwischen Sport- und sich anschließendem Fachunterricht schafft man es gerade, sich umzuziehen. An eine Dusche ist gar nicht zu denken, wenn man zu spät kommt, meckern schon die Lehrer. Und so stinkt man den Rest des Tages.

Ich plädiere also für eine sofortige Streichung des Faches Sport von der Stundentafel.

Winston Churchill

2 **Welche Arten von Argumenten kannst du erkennen?**

3 **Welche Form der Gliederung wurde gewählt?**

4 **Entspricht die sprachliche Gestaltung den üblichen Anforderungen an eine Argumentation? Begründe.**

5 **Schätze die Überzeugungskraft dieser Argumentation aus deiner Sicht kritisch ein.**

Test 2: Thesen und Argumente formulieren

1 **Formuliere zu den folgenden Behauptungen (Thesen) jeweils eine Gegenthese.**

a) Die Verwendung möglichst vieler englischer Wörter in deutschen Texten zeigt das hohe Bildungsniveau des Schreibers.

____

____

b) Hausaufgaben sind nichts weiter als der Versuch der Lehrer, die Freizeit der Schüler zu kürzen.

____

____

c) Gewaltverherrlichende Computerspiele sind lehrreich, indem sie dem Spieler zeigen, was man nicht tun sollte.

____

____

2 **In der Tabelle findest du Material zur Formulierung eines Arguments zum Thema *Demokratie in der Schule*. Schreibe zunächst in die rechte Spalte, um welchen Bestandteil eines Arguments es sich handelt.**

Die Identifizierung der Schüler mit ihrer Schule ist eine positive Auswirkung.	
In einer demokratischen Schule gibt es einen funktionierenden Schülerrat.	
Eine Möglichkeit ist die Beteiligung der Schüler an der Planung einer Projektwoche.	
Eine demokratische Schule ist die bessere Schule.	

3 **Formuliere nun mit dem Material aus Aufgabe 2 ein Argument.**

____

____

____

____

____

____

____

____

Test 3: Sprachliche Mittel

1 **Die folgenden Beispielsätze sind nicht so formuliert, dass sie für eine Argumentation gut zu verwenden wären. Benenne den Fehler und berichtige.**

a) Fast alle finden Spaß und Unterhaltung am Sportunterricht.

____

____

____

b) Ich bin nicht der Meinung, dass so viele Unfälle passieren. Aber die Unfälle, die passieren, passieren entweder außerhalb der Schule oder die Schüler sind schon vor dem eigentlichen Stundenbeginn in der Halle und dann passiert der Unfall.

____

____

____

____

____

c) Ich muss zugeben, dass einige Schüler den Sportunterricht hassen, doch dadurch kriegen sie Kondition.

____

____

____

____

2 **Verknüpfe die folgenden Aussagen durch geeignete Konjunktionen. Arbeite im Heft.**

a) Motocross schadet der Umwelt.
Grobstollige Reifen reißen den Waldboden auf.

b) Gewalt verherrlichende Computerspiele müssen verboten werden.
Das Töten von Menschen wird verharmlost.

c) Freunde müssen ehrlich zueinander sein.
Eine Notlüge kann dem Freund helfen.

d) Ein Nationalpark muss für den Menschen gesperrt sein. Viele Touristen kommen in die Nationalparks. Der Massenansturm schädigt die Natur.

Klassenarbeit Nr. 11 60 min

können

1 **Suche aus dem folgenden Text die These heraus und formuliere die Gegenthese.**

Sokrates

Die Jugend liebt heute den Luxus. Sie hat schlechte Manieren, verachtet die Autorität, hat keinen Respekt mehr vor älteren Leuten und diskutiert, wo sie arbeiten sollte. Die Jugend steht nicht mehr auf, wenn Ältere das Zimmer betreten. Sie widerspricht den Eltern und tyrannisiert die Lehrer.

These: ______________________________

____

____

Gegenthese: ______________________________

____

____

/4

2 **Notiere dir erste Gedanken zur Stützung der von dir aufgestellten Gegenthese. Formuliere anschließend ein Argument.**

____

____

____

____

____

____

____

____

____

____

____

____

____

/10

können

3 Sammle weitere Ideen und formuliere mindestens zwei weitere Argumente.

/6

4 Schreibe nun deine Gegenargumentation zu dem obigen Zitat von Sokrates. Achte auf die Verwendung von mindestens drei Argumenten und deren sprachlicher Verknüpfung.
Diese Aufgabe bleibt ohne Punktebewertung. Schreibe in dein Heft.

erreichte Punktzahl
/ 20

Klassenarbeit Nr. 12 40 min

können

1 **Lies den folgenden Text, kennzeichne am Rand die Gliederung, die einzelnen Argumente und benenne die zum Ausdruck kommende These. Schätze den Text anschließend kritisch ein.**

Klimawandel und Windmühlenchaos

In den Zeitungen und Zeitschriften werden immer neue Horrorszenarien entworfen. In wenigen Jahren sollen ganze Landstriche verwüsten, soll das Wasser knapp werden und die Temperatur ansteigen. Soweit die Märchen. Doch schauen wir uns einmal die Realität an. Die Niederschläge in Mitteleuropa nehmen zu statt ab. Die Sommer sind nach wie vor durchwachsen und häufig zu kühl und auch Herbst und Winter sind durch das Temperaturgefälle als Jahreszeiten erkennbar. Wo ist also das Problem? Oder gibt es gar kein Problem? Ist es nur der Wunsch der Windkraftlobby? Wollen diese Menschen weiter unsere Landschaft durch die riesigen stählernen Windmühlen verschandeln? Glaubt wirklich jemand daran, dass wir so unseren Energiebedarf decken können? Oder sollen wir wieder als Höhlenmenschen ohne Strom leben?

These: ______________________________

____

Einschätzung: ______________________________

____

____

/7

2 **Formuliere die Gegenthese (Hefteintrag).**

/2

3 **Fertige eine Stoffsammlung zur Unterstützung der Gegenthese im Heft an.**

/6

4 **Fasse deine Gedanken zu Argumenten zusammen und schreibe eine Argumentation zur von dir aufgestellten Gegenthese ins Heft. Ohne Punktebewertung.**

erreichte Punktzahl
/ 15

Kapitel 1: Rechtschreibung

Test 1: Groß- und Kleinschreibung (I) Seite 11

1 Zum besseren Verständnis findest du die Begleiter der Substantivierungen im Text fett gedruckt.

Beim Schreiben von Texten sollte man immer auf die Rechtschreibung achten. **Das schnelle** Aufsuchen von Wörtern im Duden kann man trainieren. **Durch häufiges** Nachschlagen wird man immer sicherer und kann sich viele Wörter einprägen. Auch **wiederholtes** Aufschreiben hilft dabei.

2 **MP3-Player**

Der MP3-Player ist ein praktisches Gerät. Man kann es immer und überall benutzen, um Musik zu hören. Alles, was ich tue, tue ich mit MP3-Player: einkaufen, zur Schule gehen, Zeitungen austragen und so weiter. Toll ist er auch im langweiligen Warteraum des Zahnarztes. Das Gute daran ist, dass man niemanden wirklich stört. Auch der Entspannung dient der MP3-Player. Nach getaner Arbeit ist gut ruhen – mit dem MP3-Player.

Test 2: Groß- und Kleinschreibung (II) Seite 12

1 Beachte besonders die Regeln von → Seite 6. Manchmal sind beide Schreibweisen richtig.

Seit langem ▪ Langem habe ich mir diese neue CD gewünscht, auf der mir alle Titel gut gefallen. Besonders mag ich die deutschen ▪ ~~Deutschen~~ und die englischen ▪ ~~Englischen~~. Aber auch die italienischen ▪ ~~Italienischen~~ Lieder kann man sich anhören. Die englische ▪ ~~Englische~~ Sprache ist aus unserer Zeit nicht mehr wegzudenken. Aber auch ~~italienisch~~ ▪ Italienisch ist heute bei vielen ▪ ~~Vielen~~ sehr populär. Am schnellsten ▪ ~~Schnellsten~~ und leichtesten ▪ ~~Leichtesten~~ lernt man eine Sprache, wenn man jung ist. Trotzdem beginnen auch viele ▪ ~~Viele~~ Erwachsene eine Sprache zu lernen. Die einen ▪ Einen kaufen sich die neuesten Computerprogramme und die anderen ▪ Anderen besuchen einen Abendkurs. Dorthin kommen Leute von nah und fern ▪ ~~Nah und Fern~~.
Alle strengen sich im ~~allgemeinen~~ ▪ Allgemeinen auf das äußerste ▪ Äußerste an.

2 Deine Sätze müssen die Wendungen in folgender Schreibung enthalten:

a) z. B.: Dies war ein Fest für Jung und Alt.
b) z. B.: Du störst mich nicht im Geringsten.
c) z. B.: Die dicken Wolken lassen wenig Gutes erwarten.
d) z. B.: Das reicht bei weitem/Weitem nicht.
e) z. B.: Nun fangen wir von neuem/Neuem an.

3

	groß	klein
Schweizer Käse	☒	☐
die schweizerischen Eisenbahnen	☐	☒
die Europäische Gemeinschaft	☒	☐
europäische Hauptstädte	☐	☒
baden-württembergische Einwohner	☐	☒
das Hessische Bergland	☒	☐
Steinhuder Meer	☒	☐
schleswig-holsteinische Ostseeküste	☐	☒
die luthersche Bibelübersetzung	☐	☒

Test 3: Getrennt oder zusammen? Seite 13

1 Ferien auf dem Reiterhof werden immer beliebter. Vor allem Mädchen wollen das Hochgefühl der Freiheit auf dem Rücken der Pferde kennen lernen (oder: kennenlernen). Dabei hoffen sie, dass das Training ihnen nicht schwerfallen wird und sie sich nicht langweilen. Auch wenn die eine oder andere Reiterin in dieser Zeit einmal hoffentlich nur leicht fallen sollte, so wird doch die Mehrheit im nächsten Jahr wieder da sein. Wenn man die Ferien auf einem Pferdehof verbringen will, dann sollte man keine Angst haben vor Pferden. Eine Liste mit Höfen, auf denen Reiterferien stattfinden, erhält man in den jeweiligen Tourismusbüros.

2
a) Ich bin froh, dass ich meine Kopfschmerzen endlich ~~losbin~~ ▪ los bin.
b) Wenn das Gewitter ~~vorbeiist~~ ▪ vorbei ist, werden wir die Radtour fortsetzen ▪ ~~fort-setzen~~.
c) Mit dem Ergebnis der letzten Klassenarbeit kann ich ~~zufriedensein~~ ▪ zufrieden sein.
d) Ich hole dich zehn Minuten vor Beginn der Veranstaltung ab, du musst dann aber ~~fertigsein~~ ▪ fertig sein.
e) Für das morgige Deutschdiktat muss ich ~~garnicht~~ ▪ gar nicht üben.

f) Schon als kleines Kind wollte Florian am liebsten den ganzen Tag lang ~~autofahren~~ ▪ Auto fahren.
g) Selbst bei einer niedrigen Waldbrandwarnstufe sollte man bei einem Anzeichen von Feuer im Wald sofort ~~alarmschlagen~~ ▪ Alarm schlagen.
h) Im Sommer könnte ich jeden Tag ~~schwimmengehen~~ ▪ schwimmen gehen.
i) Über diesen Fehler könnte ich mich totärgern ▪ ~~tot ärgern~~.
j) Die Polizei hat die Aussage schriftlich festgehalten ▪ ~~fest gehalten~~.
k) Nach dem Turniersieg hat eine große Siegesfeier stattgefunden ▪ ~~statt gefunden~~.

Test 4: Zusammensetzungen bilden? Seite 14

1 Hier siehst du die korrekte Zuordnung und Schreibung.
a) Obwohl viele Fakten (Partikel + Verb) beigebracht wurden, reichte die (Substantiv + Substantiv) Beweislage nicht aus, so dass der Richter den Angeklagten (Adjektiv + Verb) freisprechen musste.
b) Menschen, die (Substantiv + Verb) schlafwandeln, leben gefährlich, denn es ist nie sicher, was sie während ihres nächtlichen Umherirrens tun werden.
c) Seitdem Robert seinen Führerschein hat, will er nur noch (Substantiv + Verb) Auto fahren.
d) Gestern hatte Laura ihr (Substantiv + Substantiv) Busgeld vergessen, deshalb musste sie (Adjektiv + Verb) schwarzfahren. Sie fürchtete sich die ganze Busfahrt davor, dass ein Kontrolleur (Partikel + Verb) vorbeikommt und sie nach ihrem Fahrschein fragt.
e) Für den Deutschunterricht soll ich einen (Adjektiv + Substantiv) Kurzvortrag zum Thema Sagen (Partikel + Verb) vorbereiten. Während des Vortrages muss ich (Adjektiv + Verb) frei sprechen und in die Klasse sehen, hoffentlich grinsen mich meine Mitschüler nicht an, sonst muss ich (Adjektiv + Verb) laut lachen.

2 Diese Sätze wären möglich.
a) Du musst den Eimer voll bringen.
b) Odysseus hat viele Heldentaten vollbracht.
c) Im Referat solltest du frei sprechen.
d) Der Richter muss den Angeklagten freisprechen.

Test 5: Dehnung und Schärfung Seite 15

1 a) allmählich übermütig werden
b) nämlich nicht dämlich sein
c) ein Denkmal enthüllen
d) einen Widerstand spüren
e) Stil haben
f) einen guten Namen haben
g) mit einem Male klar werden
h) Widerspruch einlegen
i) eine Wiederholung sehen
j) der Stiel einer Blume

2 winken, Erkenntnis, er kannte, links, Konto; Roller, Falter, wir halten an, es hallt, Vergeltung; Klapperschlange, Zepter, es klappt, zappeln, hüpfen; prompt, sie summt, Vorkommnis, brummen, Hampelmann

3 hoffentlich, Endung, Entdeckung, Wissenshunger, Wissenschaft, Tollheit, Kenntnis, hungrig, entschuldigen

Test 6: s – ss – ß/Fremdwörter Seite 16

1 Die Leitformen eines Verbs sind der Infinitiv, die Form der 1. oder 3. Person Singular Präteritum und das Partizip II.
a) wissen – wusste – gewusst
b) lesen – las – gelesen
c) lassen – ließ – gelassen
d) blasen – blies – geblasen
e) reisen – reiste – gereist
f) reißen – riss – gerissen
g) verblassen – verblasste – verblasst

2 Die Farbe war verblasst. Blast die Posaunen. Weißt du noch? Sie erhielt einen Verweis. Es ließ sich nicht verhindern. Lies mal wieder. Wir reißen das Kalenderblatt ab. Ihr reist um die Welt.

3 Die ergänzten Reimwörter lauten:

müssen	Massen	büßen
küssen	Klassen	grüßen
Genuss	Buße	Füße
Fluss	Muße	Süße

4 Diese Wörter mussten gestrichen werden:
a) ~~Kathastrophe~~ ▪ ~~Katastrofe~~ ▪ Katastrophe
b) Toleranz ▪ ~~Tolleranz~~ ▪ ~~Tolerantz~~
c) ~~Karakter~~ ▪ ~~Charackter~~ ▪ Charakter
d) ~~Grammatick~~ ▪ ~~Gramatik~~ ▪ Grammatik
e) ~~symbohlisieren~~ ▪ symbolisieren ▪ ~~simbolisieren~~

5 Pfeife, Fuhre, Physik, Verkehr, Philatelie;
Visa, Niveau, Villa, Veranda, Waggon;
Man kann auch Wagon schreiben.
Charme, Scheibe, Chips, Chauvinismus, Chance;
Chor, Charakter, Kontrolle, Creme, Orchester;
Klecks, Expedition, Wachs, Keks, Examen
Die unterstrichenen Wörter sind keine Fremdwörter. Sieh dir noch einmal genauer an, mit welchen Buchstaben die entsprechenden Laute wiedergegeben werden.

Klassenarbeit Nr. 1 — Seite 17

Falls nicht anders angegeben, gibt es für jede Teilaufgabe bzw. jeden Teilschritt einen Punkt.

1 **Das Glück des Anglers**
Jürgen ist Sportangler. Es ist schon länger her, dass er mühelos die Prüfung bestanden hat. In Fachzeitschriften verfolgt er die Berichte von außergewöhnlichen Fängen. Als er im letzten Sommer ein-, zweimal im Forellenteich des Nachbardorfes mitangeln durfte, fing er 13 Fische. Einen großen Hecht sah er leider nur vorbeischwimmen. Seitdem ist es Jürgens größter Wunsch, einmal einen Zehnpfünder am Haken zu haben. Das wäre ein Superfang.

2 Dies ist der berichtigte Text.
Wissenswertes über den Comic
Nachdem wir im Literaturunterricht Ausschnitte aus der *Odyssee* von Homer kennengelernt (allerdings kann man auch „kennen gelernt" schreiben) hatten, machten wir uns daran, daraus einen Comic zu gestalten. Zuerst mussten wir uns über den Aufbau eines Comics informieren. Dabei wusste ich gar nicht, dass es diese Form der Unterhaltung bereits seit dem 19. Jahrhundert gibt. Wenn man selbst einen Comic anfertigen will, sollte man einige Vorüberlegungen anstellen. Zuerst sollte man überlegen, welche Figuren in dem Comic vorkommen sollen. Sie sollten einfach zu zeichnen und lustig sein. Dabei ist es naheliegend (allerdings kann man auch „nahe liegend" schreiben), auf bekannte Vorbilder zurückzugreifen. Die Geschichte, die gestaltet wird, sollte bereits in einzelne Bilder eingeteilt sein, das heißt, man überlegt sich, was jedes Bild aussagen soll. Wenn mehrere Schüler am Comic arbeiten, kann man, um schneller fertig zu sein, Text- bzw. Bildspezialisten bestimmen. Dabei muss man jedoch darauf achten, dass alles zusammenpasst (Zusammensetzung aus Adverb und Verb). Zum Schluss wird alles aufmerksam durchgelesen.
Es ist darauf zu achten, dass Text und Bild eine Einheit bilden. Wenn jemand aus einer anderen Gruppe den Comic liest, ist das die beste Kontrolle.
Die Zusammen- und Getrenntschreibung folgt zwar Regeln – doch lassen sich damit manche Zweifelsfälle nicht ausräumen. Da hilft dann ein Wörterbuch.

23–19 Punkte	18–12 Punkte	11–0 Punkte
Super!	In Ordnung!	Bitte noch einmal üben!

Klassenarbeit Nr. 2 — Seite 18

1 **Schloss Drachenburg**
Das Versteck eines Drachens soll der Berg gewesen sein, auf dem heute Schloss Drachenburg bei Königswinter steht. Viele Sagen berichten von den Schandtaten des Untiers und seinem Ende. Die bekannteste ist die vom jungen Siegfried, der den Drachen mit seinem Schwert tötete. Anschließend soll er in dem Blut des Drachens gebadet haben und dadurch am ganzen Körper unverwundbar geworden sein. Eine andere Legende erzählt, dass der Drache seinen feurigen Atem gerne gegen vorbeifahrende Schiffe lenkte, bis dann eines Tages ein Schießpulvertransport vorbeischipperte und der Drache sich selbst in die Luft sprengte.

2 Auch hier sind nicht alle Fehlerwörter Fremdwörter.
a) Letzten Sommer waren wir zum Camping an der Ostsee.
b) Manche mögen Makkaroni mit Champignons.
c) Nicht zu verachten sind auch Spagetti mit Ketchup. (Auch Spaghetti und Ketschup sind richtig.)
d) Obst und Gemüse enthalten viele Vitamine.

3
a) Zeugnis	Zeugnisse
b) Geheimnis	Geheimnisse
c) Versäumnis	Versäumnisse
d) Globus	Globen/Globusse
e) Kenntnis	Kenntnisse
f) Vorkommnis	Vorkommnisse
g) Fokus	Fokusse
h) Rhythmus	Rhythmen

Hier musstest du gut aufpassen.
Bei den Wörtern auf -nis musste der Konsonant verdoppelt werden.
Bei den Wörtern auf -us gibt es zum Teil zwei Möglichkeiten der Pluralbildung.

30–26 Punkte	25–15 Punkte	14–0 Punkte
Super!	In Ordnung!	Bitte noch einmal üben!

Kapitel 2: Grammatik

Test 1: Verbformen – Tempus Seite 24

1 **Die Weiber zu Weinsberg**
Als König Konrad III. im Jahr 1140 den Herzog Welf geschlagen hatte und Weinsberg belagerte, machten die Weiber der Belagerten für die Übergabe der Stadt folgende Bedingung aus: Eine jede sollte auf ihren Schultern mitnehmen dürfen, was sie tragen konnte. Der König gönnte das den Weibern. Da ließen sie all ihr Hab und Gut stehen, und eine jegliche nahm ihren Mann auf die Schulter und trug den aus der Stadt. Da des Königs Leute das sahen, sprachen ihrer viele, das wäre die Meinung nicht gewesen, und wollten das nicht gestatten. Der König aber lächelte über den listigen Anschlag der Frauen. „Ein königlich Wort", rief er, „das einmal gesprochen und zugesagt ist, soll unverändert bleiben."

2 Die fehlenden Leitformen lauten:

Infinitiv	Präteritum	Partizip II
belagern	belagerte	belagert
mitnehmen	nahm mit	mitgenommen
sein	war	gewesen
tragen	trug	getragen
schlagen	schlug	geschlagen
können	konnte	gekonnt

3 a) Wir werden uns beeilen müssen.
1. Person Plural Futur I
b) Max verpasst seinen Zug.
3. Person Singular Präsens
c) Er wartete zu lange auf seinen Freund.
3. Person Singular Präteritum
d) Die beiden hatten sich schon lange auf den gemeinsamen Ausflug gefreut.
3. Person Plural Plusquamperfekt

Test 2: Verbformen – Genus und Modus Seite 25

1 Die eingesetzten Verbformen im Aktiv sind im Text hervorgehoben. Bei der Aufgabe musste zudem berücksichtigt werden, dass Inhaltsangaben immer im Präsens verfasst werden. Eine vorzeitige Handlung wird durch das Perfekt gekennzeichnet.
In der Geschichte *Der kluge Richter* von Johann Peter Hebel geht es darum, dass ein Richter einen Mann bestraft, der aus Habgier betrogen hat.
Folgendes hat sich ereignet:
Ein reicher Mann hat ein Tuch mit einer großen, darin eingenähten Geldsumme verloren. Deshalb setzt er einen Finderlohn von 100 Talern aus und ein ehrlicher Finder kommt und gibt ihm das Geld zurück. Der Besitzer des Geldes behauptet jedoch, es befänden sich nur 700 statt der verlorenen 800 Taler im Tuch, sodass der Finder seine Belohnung bereits herausgenommen habe. Dieser erwidert, dass er nichts am Tuch verändert habe. Der hinzugerufene Richter durchschaut die Absicht des Reichen und fällt eine kluge Entscheidung. Er nimmt die Aussagen der beiden Streitenden für wahr und beauftragt den Finder, das Tuch so lange aufzubewahren, bis derjenige gefunden sei, der statt der 800 Taler nur die vorhandenen 700 verloren habe.

2 Beim Umformen ins Passiv muss auch auf die Tempusform geachtet werden. Da die Inhaltsangabe im Präsens geschrieben wird, muss auch im Passiv die Präsensform gebildet werden.
Ein reicher Mann, der aus Habgier betrogen hat, wird bestraft. Das Tuch mit dem Geld wird gefunden und zurückgebracht.
Eine Einigung kann nicht erreicht werden.
So wird eine Entscheidung durch den klugen Richter gefällt.

3

	Ind.	Imp.	Konj.
Bernd hilft seinem Bruder.	☒	☐	☐
Komm zu mir!	☐	☒	☐
Wir wurden über die Zugverspätung informiert.	☒	☐	☐
Wir wären gern früher gekommen.	☐	☐	☒

Test 3: Subjekt und Prädikat Seite 26

1 Die Subjekte sind schwarz und die Prädikate blau unterstrichen.
Zwergkaninchen müssen sich in ihrem Käfig wohlfühlen. Damit dieses Ziel erreicht wird, sollten folgende Hinweise beachtet werden. Auf den Käfigboden kommt eine 5–7 cm dicke Schicht Kleintierstreu. Darüber sollte eine dichte Lage Stroh, in die sich die Zwergkaninchen gerne einkuscheln, gestreut werden. Heu ist eine wichtige Nahrungsquelle für die Kaninchen. Es sollte am besten in einer Raufe angeboten werden. Auch sauberes und frisches Wasser muss den Zwergkaninchen immer in ausreichender Menge zur Verfügung stehen. Das Futter wird am besten in einen glasierten Napf aus Steingut gefüllt, denn solche Näpfe können die Kaninchen nicht so leicht umwerfen.

2 Die Subjekte sind wieder schwarz unterstrichen. Die Pfeile zeigen die Beziehung zwischen Subjekt und Prädikat.

Kaninchen hoppeln gern auf Wiesen. Aber bevor es ins Freie geht, muss der Besitzer einige Vorsichtsmaßnahmen beachten. Zunächst muss man ein Gehege aufbauen, damit wird der Auslauf der Kaninchen beschränkt und sie werden vor Gefahren geschützt. Du solltest Sichtkontakt zu den Zwergen haben. Am besten setzt du die Tiere dann ins Gehege, wenn du auch im Garten bist. Schon manches Zwergkaninchen hat sich ohne Aufsicht unter dem Gehegegitter hindurchgegraben.

3 Siehe Lösung zu Aufgabe 2.

Test 4: Objekt, Adverbial und Attribut — Seite 27

1 a) Jedes Kaninchen benötigt frisches und sauberes Trinkwasser.
Akkusativobjekt
b) Man sollte nicht versuchen, Kaninchen mit Milch aufzuziehen.
Akkusativobjekt, Präpositionalobjekt
c) Im Frühjahr und Sommer muss man den Kaninchen frische Gräser und Kräuter anbieten.
Dativobjekt, Akkusativobjekt
d) Das Fell der Kaninchen sollte regelmäßig mit einer entsprechenden Bürste gepflegt werden.
Präpositionalobjekt
e) Wenn man das Kaninchen regelmäßig streichelt, zeigt das dem Tier, dass man es gern hat.
Akkusativobjekt, Dativobjekt, Objektsatz

2 Folgende Ergänzungen wären beispielsweise möglich.
a) Morgens läuft er im Wald mit einem Freund.
b) Vorsichtig ertaste ich den Weg durch das dunkle Zimmer.
c) Heute geht Oma mit Florian einkaufen.
d) Gemächlich pflückte sie Blumen.
e) Durch glückliche Umstände kam er am Abend zu Hause an.

Klassenarbeit Nr. 3 — Seite 28 – 29

Falls nicht anders angegeben, gibt es für jede Teilaufgabe bzw. jeden Teilschritt einen Punkt.

1 Vorzeitigkeit wird durch die Verwendung bestimmter Tempusformen ausgedrückt. So verwendet man das Perfekt, um Vorzeitigkeit gegenüber dem Präsens auszudrücken, und das Plusquamperfekt, um ein vorzeitiges Geschehen gegenüber dem Präteritum anzuzeigen.
Unsere Freunde holten uns von zu Hause ab, wie wir es vereinbart hatten.
Nachdem der Regen nachgelassen hat, können wir draußen weiter feiern.
Während die einen den Grill aufstellen, sorgen die anderen für die Musik.

2 a) Als ich die Tür aufmachte, stellte ich fest, dass es plötzlich schneite.
b) Wenn ich das Buch ausgelesen habe, bekommst du es sofort zurück.
c) Wir hatten einen Knall gehört, darum guckten wir aus dem Fenster.

3 Zehn Verbformen mussten unterstrichen und bestimmt werden.

Kyffhäuser
„Wenn des Kaisers Bart dreimal um den Tisch (1) gewachsen ist, dann (2) wird er wieder aus dem Berg herauskommen, und alles (3) wird gut werden." So (4) heißt es in der Sage vom Kaiser Barbarossa, der im 12. Jahrhundert (5) lebte und von dem die Leute (6) glaubten, dass er nicht (7) gestorben sei, sondern im Berg Kyffhäuser (8) weitergelebt habe. *Barbarossa* (9) ist ein italienischer Name und (10) bedeutet einfach nur *Rotbart*.
(1) 3. P. Sg. Perfekt Indikativ Aktiv
(2) 3. P. Sg. Futur Indikativ Aktiv
(3) 3. P. Sg. Futur Indikativ Aktiv
(4) 3. P. Sg. Präsens Indikativ Aktiv
(5) 3. P. Sg. Präteritum Indikativ Aktiv
(6) 3. P. Pl. Präteritum Indikativ Aktiv
(7) 3. P. Sg. Perfekt Konjunktiv Aktiv
(8) 3. P. Sg. Perfekt Konjunktiv Aktiv
(9) 3. P. Sg. Präsens Indikativ Aktiv
(10) 3. P. Sg. Präsens Indikativ Aktiv

4 Viele Jahre nach Kaiser Rotbart gab es in Deutschland wieder einen Kaiser mit Bart – einem weißen allerdings. Wilhelm I. hieß er, und er ließ seinem berühmten Vorgänger ein Denkmal auf dem Kyffhäuser errichten. Der Weg hinauf zum Denkmal führt vorbei an den Überresten der alten Burg Kyffhausen. Das war eine riesige Anlage aus mehreren Einzelburgen. Es gibt dort heute ein interessantes Burgmuseum und den tiefsten Burgbrunnen Deutschlands zu sehen. Interessante Ausgrabungen zeigt auch die Königspfalz Tilleda, die am Fuß des Kyffhäuser liegt.

5 Bei der Umwandlung in die indirekte Rede können unterschiedliche Redeeinleitungen verwendet werden.
Anna sagte, sie seien am Tag zuvor gut in der Jugendherberge angekommen. Sie bedauerte, es habe leider in Strömen geregnet. Sie meinte, das Wetter solle aber besser werden. Anna war überzeugt, dann würden sie viel Spaß haben.

6 Hier findest du die richtigen Fragen und Antworten. Die genaue Fragestellung ist wichtig, um die Satzglieder richtig bestimmen zu können.

a) Zwergkaninchen eröffnen den Kindern ein breites Betätigungsfeld.
Frage 1: Wem eröffnen Zwergkaninchen ein breites Betätigungsfeld?
Antwort 1: den Kindern
Bestimmung 1: Dativobjekt
Frage 2: Wen oder was eröffnen die Zwergkaninchen den Kindern?
Antwort 2: ein breites Betätigungsfeld
Bestimmung 2: Akkusativobjekt

b) Franziska und Laura beschäftigen sich mit ihren Kaninchen.
Frage: Mit wem oder was beschäftigen sich Franziska und Laura?
Antwort: mit ihren Kaninchen
Bestimmung: Präpositionalobjekt

c) Die Kinder sollten sich der zeitlichen Belastung bewusst sein.
Frage: Wessen sollten sich die Kinder bewusst sein?
Antwort: der zeitlichen Belastung
Bestimmung: Genitivobjekt

32–27 Punkte	26–16 Punkte	15–0 Punkte
Super!	In Ordnung!	Bitte noch einmal üben!

Kapitel 3: Zeichensetzung

Test 1: Infinitiv- und Partizipgruppen — Seite 32

1 a) Auf dem blutigen Schlachtfeld vor den Toren Trojas hatte Odysseus nur das Ziel, Troja zu besiegen, um bald nach Hause zurückzukehren.
b) Er nahm sich vor, den Sieg durch List zu erreichen.
c) Um nach Hause zu kommen, musste Odysseus viele Abenteuer bestehen.
d) Mit dem Schwert und dem Beistand der Götter kämpfend, eroberte er sich sein Heim zurück.

2 a) Ein Glas in der Hand haltend(,) stand er in der Tür. – Die Partizipgruppe kann zur Verdeutlichung der Satzaussage durch ein Komma abgetrennt werden.
b) Etwas Besseres, als eine Reise zu gewinnen, konnte mir nicht passieren. – Das Komma muss gesetzt werden, da die Infinitivgruppe mit *als* eingeleitet wird.
c) Ohne zu überlegen, machte sich Franziska an die Erledigung ihrer Hausaufgaben. – Das Komma muss gesetzt werden, da die Infinitivgruppe mit *ohne* eingeleitet wird.
d) Florian spielte, anstatt zu schlafen, in seinem Zimmer. – Das Komma muss gesetzt werden, da die Infinitivgruppe mit *anstatt* eingeleitet wird.
e) Laura spielte (,) jede Torchance verwandelnd (,) ein erfolgreiches Turnier. – Die Partizipgruppe kann zur Verdeutlichung der Satzaussage durch ein Komma abgetrennt werden.
f) Mit seiner Kraft und Leistungsbereitschaft hat das Pferd den Menschen geholfen (,) Felder zu bestellen, Mühlsteine zu bewegen und große Entfernungen zurückzulegen. – Das erste Komma kann zur Verdeutlichung der Satzaussage gesetzt werden. Das zweite Komma muss gesetzt werden, da es sich um eine **Aufzählung** von Infinitivgruppen handelt.

Test 2: Direkte Rede — Seite 33

1 Ein Mann reitet auf seinem Esel nach Haus und lässt seinen Buben zu Fuß nebenherlaufen. Da kommt ein Wanderer und sagt: „Das ist nicht recht, Vater, dass Ihr reitet und lasst Euern Sohn laufen; Ihr habt stärkere Glieder."
Da stieg der Vater vom Esel herab und ließ den Sohn reiten. „Das ist nicht recht, Bursche, dass du reitest und lässest deinen Vater zu Fuß gehen. Du hast jüngere Beine", sagte ein weiterer Wandersmann. Da saßen beide auf und ritten eine Strecke. „Was ist das für ein Unverstand", sagte ein dritter Wanderer, „zwei Kerle auf einem schwachen Tiere; sollte man nicht einen Stock nehmen und euch beide hinabjagen?" Da stiegen beide ab und gingen zu Fuß, rechts und links der Vater und Sohn und in der Mitte der Esel. Kommt ein vierter Wandersmann und sagt: „Ihr seid drei kuriose Gesellen. Ist es nicht genug, wenn zwei zu Fuß gehen? Geht es nicht leichter, wenn einer von euch reitet?" Da band der Vater dem Esel die vorderen Beine zusammen, zog einen starken Baumpfahl durch, der an der Straße stand

und Sohn und Vater trugen den Esel auf der Achsel heim.
So weit kann es kommen, wenn man es allen Leuten recht machen will.

2 Einmal ging Eulenspiegel in Erfurt zu den Marktständen, wo Fleisch angeboten wurde. Da sprach ihn ein Metzger an: „Willst du nicht etwas mitnehmen?“ Eulenspiegel fragte: „Was soll ich mitnehmen?“ Der Metzger meinte: „Nimm einen Braten mit!“ Eulenspiegel nahm einen Braten und ging davon. Der Metzger lief ihm nach und rief: „Halt! Du musst den Braten bezahlen.“

Test 3: Hauptsatz und Nebensatz — Seite 34

1 **Die beiden Maultiere**
Zwei Maultiere wanderten mit schweren Lasten dahin. Das eine trug einen Korb, der mit Goldstücken gefüllt war, das andere aber trug einen Sack voll Gerste.
Das Maultier, das das Gold trug, kam stolz daher, warf den Kopf zurück, streckte den Hals vor und die Glocke an seinem Hals tönte laut. Das andere Maultier aber folgte gelassen.
Plötzlich sprang eine Räuberbande hinter den Felsen hervor. Die Maultierführer und die Räuber kämpften erbittert miteinander, zum Schluss aber ritten die Räuber mit dem Gold davon. In dem Gefecht und dem Durcheinander war das erste Maultier verwundet worden. Das zweite Maultier, dessen Last Gerste die Räuber nicht im geringsten interessiert hatte, hatte sich zurückgehalten Sobald alles wieder still war, kam es heran. „Es tut mir leid, dass du verletzt bist“, sagte es zu dem verwundeten Maultier. „Als wir losgingen, habe ich dich um deine wertvolle Last beneidet. Aber nun bin ich froh, dass ich nur Gerste zu tragen habe. Denn du hast alles verloren und mir ist nichts geschehen. Komm(,) ich helfe dir weiter.“

2 Hier siehst du die eine im Text enthaltenen Satzreihe sowie zwei Beispiele für ein Satzgefüge.
Satzreihe:
- Die Maultierführer und die Räuber kämpften erbittert miteinander, zum Schluss aber ritten die Räuber mit dem Gold davon.

Satzgefüge:
- Das eine trug einen Korb, der mit Goldstücken gefüllt war, das andere aber trug einen Sack voll Gerste.
- Das Maultier, das das Gold trug, kam stolz daher, warf den Kopf zurück, streckte den Hals vor und die Glocke an seinem Hals tönte laut.

Test 4: Zusammenfassung — Seite 35 – 36

1 Es war nicht gerade ein Meisterstück, das drei Autodiebe vollbrachten. Die jungen Männer scheiterten an ihrer eigenen Dummheit. Ein Zeuge beobachtete das Trio, wie es vom Hof eines Gebrauchtwagenhändlers einen Ford stehlen wollte. Als die alarmierte Polizei ankam, war der Wagen schon weg. Aber er war noch nicht weit, denn den Dieben war nach ein paar hundert Metern der Sprit ausgegangen, sodass sie schieben mussten.

2 Hier sind unterschiedliche Lösungen möglich. Beispielsweise können einzelne Hauptsätze unverbunden nebeneinander stehen oder aber zu Satzreihen verbunden werden.
Der Vegetarier
Der räuberische Fuchs, der sich am liebsten von Hühnern und Hasen ernährt, ließ im Tierreich verbreiten, dass er von nun an nur noch auf Pflanzenkost schwöre.
Der Löwe sandte Kundschafter aus, die überprüfen sollten, ob das Gerücht auf Wahrheit beruhe. Auf den Gemüsebeeten im Garten vor der Höhle des Fuchses fanden die Boten Gemüse in reichlicher Menge. Der Fuchs aber ruhte satt und fett auf dem sonnigen Vorplatz seiner Behausung. Scheinheilig versicherte er, dass ihm Pflanzennahrung sehr gut bekomme, aber er beschimpfte grässlich die Hasen, dass sie sein Eigentum nicht achten würden. „Jede Nacht stehlen sie meine Weißkohlblätter und Möhren, die ich in wochenlanger Arbeit gepflanzt und gepflegt habe und die ich nun ernten will. Ich fange jeden Tag zwei Hasen, um die anderen zu lehren, dass sie Gartendiebstähle künftig meiden, doch bisher kamen sie stets in der nächsten Nacht wieder. Ich bin geduldig und gebe die Hoffnung, dass ich sie erziehe, nicht auf.“

3 Der Judosport entwickelte sich aus der japanischen Kampfkunst des Jiu-Jitsu, dem die Kampftechniken der Samurai im aristokratischen Japan des 4. bis 12. Jahrhunderts zugrunde liegen. Jiu-Jitsu bedeutet übersetzt in etwa „sanfte Kunst“ und enthält neben Wurftechniken auch Schlag- und Tritt- sowie tödliche Techniken. In der Edo-Zeit zwischen 1603 und 1868 entwickelten sich in Japan mehrere verschiedene Schulen, die unter-

schiedliche Stile des Jiu-Jitsu praktizierten. 1868 drohten jedoch, aufgrund der Öffnung Japans Richtung Westen, die Kampfkünste in Vergessenheit zu geraten, da sie als altmodisch und rückständig galten.
Jigoro Kano, der Schüler bei den größten und wichtigsten Meistern des Jiu-Jitsu seiner Zeit war, suchte nach den grundlegenden Prinzipien dieser Techniken. So schuf er den Begriff des Judo, der „der sanfte Weg" beziehungsweise „der Weg des Nachgebens" bedeutet, und lieferte 1882 mit den ersten 40 Grundwürfe die Grundlage des Judo. Im gleichen Jahr gründete Kano seine eigene Schule. Das Kodokan, was übersetzt „Haus zum Erlernen des Weges" bedeutet, wurde zur zentralen Verbreitungsstelle von Kanos neuer Lehre und gibt bis heute die Richtlinien des Judos nach Kanos Willen vor. Im Mittelpunkt von Kanos Lehre standen zum einen das gegenseitige Helfen und Unterstützen, zum anderen aber auch eine besondere Ehrerbietung gegenüber dem Meister.

Klassenarbeit Nr. 4 — Seite 37 – 39

Falls nicht anders angegeben, gibt es für jede Teilaufgabe bzw. jeden Teilschritt einen Punkt.

1 Mit 14 Jahren um die Welt?

Mit 14 geht es meistens in den ersten eigenen Urlaub an die Ostsee, an den Balaton oder nach Spanien. Laura Dekker aus den Niederlanden reicht das nicht aus. Sie will den Rekord. Als jüngster Mensch überhaupt will sie die Welt umsegeln. […]
Als sie ihren Entschluss fasste, zur großen Reise aufzubrechen, war Laura Dekker erst 13. Seitdem sind gut sechs Monate vergangen und noch immer konnte sie nicht in See stechen. Das Familiengericht in Utrecht hatte es ihr verboten und sie gleichzeitig der Obbhut ihrer Eltern entzogen, denn die wollten ihr die Weltumsegelung erlauben.
Zu Recht?
Laura wurde auf Anweisung des Gerichtes mehrfach durchgecheckt. Physisch und psychisch sei sie auf dem Level eines normalen Teenagers, heißt es in den Berichten der Experten. […]
Geld, Erfahrung und Mut sind wahrscheinlich die drei wichtigsten Dinge, die man braucht, um eine Weltreise zu machen. […]
Den Rekord, den Laura brechen will, hält derzeit der 17-Jährige Kalifornier Zac Sunderland. Und noch eine harte Konkurrentin ist im Rennen: Jessica Watscon, 16 ist vor kurzem in Australien gestartet und greift nach dem Rekord.
Ist es verantwortungsbewusst(,) sein Kind solchen Gefahren auszusetzten? Mit 15 auf den Mount Everest, wie die Nepalesin Mingkipa oder mit 13 jüngster Apnoetaucher, wie Andreas Güldner. Ob nun Weltumsegelung, Bergbesteigung oder Luftanhalten deluxe – es gibt schon außergewöhnliche Jugendliche und nicht allen hat man verboten(,) ihre Begabung auszuleben. Oder sollte man sagen, nicht allen hat man verboten(,) sich in Lebensgefahr zu begeben.

Satzgefüge:
Das Familiengericht in Utrecht hatte es ihr verboten und sie gleichzeitig der Obbhut ihrer Eltern entzogen, denn die wollten ihr die Weltumsegelung erlauben.
Den Rekord, den Laura brechen will, hält derzeit der 17-Jährige Kalifornier Zac Sunderland.

Satzreihe:
Seitdem sind gut sechs Monate vergangen und noch immer konnte sie nicht in See stechen.

2 Man kann die Infinitivgruppe mit *zu* im letzten Satz durch ein Komma abtrennen, man muss es aber nicht.

Bankräuber stellte sich an der Kasse brav hinten an

Ordnung muss sein: Brav hat sich ein maskierter Bankräuber in München an der Kasse angestellt und gewartet, bis er an die Reihe kam. Erst dann richtete der Täter seine Pistole auf die 21-jährige Kassiererin, berichtete die Polizei am Freitag. Die Höflichkeit des Bankräubers hatte allerdings ein Ende, als die junge Frau auf seine wortlose Geste nicht reagierte. „Geht das nicht ein bisschen schneller?", fauchte er durch die schwarze Maske mit Sehschlitzen. Dem Mann gelang es(,) ungehindert mit 12 500 Mark das Weite zu suchen.

3 Hier siehst du die richtige Schreibung des Textes.

Das Schloss, in dem Dornröschen schlief, war der Sage nach die Sababurg im Reinhardswald. Lange Zeit war sie eine Ruine, und wie im Märchen rankte sich um Wald und Schloss eine dichte Dornenhecke. Es wird erzählt, die Brüder Grimm seien auf ihren Wanderschaften hier vorbeigekommen und eine alte Frau, die am Rande des Reinhardswaldes wohnte, hätte ihnen die Geschichte vom Dornröschen erzählt.

22 Punkte für jede korrekte Großschreibung
9 Punkte für korrekte Satzzeichen.

76–62 Punkte	61–39 Punkte	38–0 Punkte
Super!	In Ordnung!	Bitte noch einmal üben!

Kapitel 4: Sachtexte

Test 1: Lesetechniken (I) Seite 42 – 43

1 Eine passende Überschrift muss so allgemein formuliert werden, dass sie alle Aspekte umfasst, die der Text berührt. Sie kann aus einem Wort, einer Wortgruppe oder auch einer Frage bestehen.
Mögliche Überschriften sind zum Beispiel:
Sagen oder Besonderheiten des Genres
Sagen oder Was sind Sagen?

2 Die Textart ist in diesem Fall sehr eindeutig zu bestimmen.
☒ informierender Sachtext

3 a) Die Absätze könnten folgende Teilüberschriften haben.
1. Absatz: Entstehung von Sagen
2. Absatz: Allgemeine Merkmale von Sagen
3. Absatz: Aufbau von Sagen

b) Der Inhalt lässt sich z. B. folgendermaßen zusammenfassen:
Absatz 1: kurze Erzählungen aus der Frühzeit der Völker; zunächst mündlich weitergegeben; zur Erklärung von Naturereignissen und Überlieferung von historischen Vorgängen
Absatz 2: Auftreten von wunderbaren und phantastischen Dingen; Bezugnahme auf ein reales vergangenes Geschehen oder eine landschaftliche Gegebenheit zur Beglaubigung des phantastischen Geschehens; konkrete Angaben zu Ort, Zeit und historischen Personen
Absatz 3: einfaches Erzählschema; einsträngige Handlung; Konzentration des Geschehens auf einen Helden oder eine Personengruppe

4 Zu folgenden angekreuzten Fragestellungen gibt der Text Antwort.
☒ Wie wurden Sagen überliefert?
☐ Wann entstanden die ersten bedeutenden Sagensammlungen?
☐ Welche bekannten Persönlichkeiten haben Sagen gesammelt?
☒ Welche Merkmale haben Sagen?
☒ Wie sind Sagen aufgebaut?
☐ Welche verschiedenen Arten von Sagen gibt es?
☐ Welcher Unterschied besteht zwischen Sagen und Märchen?

Test 2: Lesetechniken (II) Seite 44

1 ☒ Die Rolle der Sage in der Geschichte

2 a) Welche verschiedenen Arten von Sagen gibt es?
b) Welche Informationen gibt der Text über die ersten bedeutenden Sagensammlungen?
c) Welche Neubearbeitungen von Sagen werden genannt?

Götter- und Heldensagen der Antike, wie z. B. die griechische Troja-Sage gehören zu den ältesten Sagentypen. Auch im deutschen Sprachraum entwickelte sich mit Herausbildung des Feudalismus die historische Sage oder Heldensage, wie zum Beispiel das Nibelungenlied und das Hildebrandslied.
Im 18. Jahrhundert wurden die Wurzeln nationaler Identität von den Aufklärern und Romantikern vor allem auch in den literarischen Volksüberlieferungen wie Märchen, Legenden, Sagen, Volksliedern gesucht. In dieser Zeit entstanden die ersten bedeutenden Sagensammlungen der Brüder Jacob und Wilhelm Grimm und Ludwig Bechstein. Mit der Intention, nationales, volkstümliches Erzählgut zu bewahren, wurden in der Folgezeit Sagen in allen deutschen Regionen gesammelt und aufgezeichnet. In den Sagenaufzeichnungen des 19. Jahrhunderts, die das volkstümliche Erzählgut einzelner deutscher Regionen sammelten, spielt vor allem der Typ der Ortssage oder Natursage eine Rolle.
Seit dem 19. Jahrhundert sind Sagen nahezu ausschließlich zur Lektüre von Kindern geworden. Generationen von Kindern sind mit Gustav Schwabs „Die schönsten Sagen des klassischen Altertums“ (1838–1840) groß geworden. Nacherzählungen der Troja-Sage, „Das hölzerne Pferd“ (1968), und des „Nibelungenliedes“ (1971) für jugendliche Leser hat Franz Fühmann vorgelegt.

Test 3: Inhalt und Form Seite 45 – 46

1 Der erste und zweite Abschnitt können auch als Sinneinheit aufgefasst werden.
Steinau – die Stadt der Brüder Grimm
Die über 200 Grimm'schen Kinder- und Hausmärchen sind mittlerweile in 140 Sprachen übersetzt worden und so in aller Welt bekannt. (Absatz)
Wer weiß jedoch schon, dass das Kindheitsschloss der Brüder Grimm in Steinau an der Straße steht? In dieser Stadt verbrachten nämlich die berühmten Märchensammler einen großen Teil ihrer Kindheit. Sie liebten ihr Heimatstädtchen Steinau „in der wiesenreichen, mit schönen Bergen umkränzten Gegend“ sehr. (Absatz)

Nicht weit vom Kindheitsschloss der Brüder Grimm befindet sich das ehemalige Wohnhaus der Familie, das besichtigt werden kann. Im Schloss selbst gibt es eine Brüder-Grimm-Gedenkstätte. Auf dem Marktplatz vor dem Rathaus, wo Jacob und Wilhelm Grimm als Kinder gerne spielten, wurde zu ihren Ehren 1985 ein Märchenbrunnen errichtet. (Absatz)
Wer heute nach Steinau kommt, findet noch viele Plätze so vor, wie die Brüder Grimm sie gesehen und geliebt haben. Steinau hat sich sein Gesicht bewahrt und ist vor allem für alle Liebhaber von Märchen, ob jung oder alt, einen Besuch wert.

2 Ein Gesetzestext ist es nicht, weil die Thematik nicht dazu passt. Ein Lexikonartikel würde knapper und sachlicher sein. Bei Werbeplakaten wird meist auf langen Text verzichtet. Der Text könnte auf einer Internetseite stehen, in einer Zeitung, einer Zeitschrift, in einem Reiseführer oder auch im Informationsblatt des Tourismusverbandes.

3 Alle gegebenen Verben könnten für die Zusammenfassung verwendet werden, da sich mit ihnen die Aussageabsicht des Autors darstellen lässt.
Zum Beispiel kann man die Absicht des Textes wie folgt zusammenfassen:
Der Autor des Textes will einerseits über Besonderheiten des Ortes informieren und gleichzeitig die Leser neugierig machen und zu einem Besuch der Stadt animieren.

4 Siehe Unterstreichungen bei Aufgabe 1.

5 Individuelle Lösung.
Wahrscheinlich findest du unter anderem heraus, dass die Märchen in mehr als 140 Sprachen übersetzt wurden.

Test 4: Meinungen und Wertungen — Seite 47

1 Der Text ist
- [ ] informierend
- [x] meinungsäußernd
- [x] appellierend
- [ ] argumentierend

Der Text enthält keine Informationen, sondern eine Reihe von Behauptungen.
Diese werden aber nicht begründet und mit Argumenten belegt.

2 Der Autor zeichnet ein insgesamt negatives Bild von den Jugendlichen.
Jugendliche hören laute Musik; anstatt zu lesen, schauen sie sich nur noch Bilder an; Lesen ist für sie zu anstrengend, allenfalls interessieren sie sich für Verfilmungen.

3 Der Autor will aufrütteln und auf Missstände hinweisen. Zudem drückt er den Wunsch aus, dass wieder mehr Menschen zum Lesen der alten Geschichten zurückfinden. („Zu wünschen wäre, dass wieder mehr Menschen sich auf die einfachen, ursprünglichen Geschichten besinnen würden ...")
Im letzten Abschnitt des Textes wird deutlich, was der Autor fordert.

Klassenarbeit Nr. 5 — Seite 48 – 50

1 [x] informierender Sachtext

2 Absatz 1: Merkmale der Sagen
Absatz 2: Die Kunstsage
Absatz 3: Entstehung von Sagen
Absatz 4: Volkssagen
Absatz 5: Natursagen
Absatz 6: Geschlechtersagen und Legenden

3 Absatz 1:
- Kurze Erzählung
- Basiert auf mündlicher Überlieferung
- Fantastische und tatsächliche Ereignisse
- Verfasser unbekannt

Absatz 2:
- Kunstsage als junge Sagenform
- Autor ist bekannt

Absatz 3:
- Kern der Sage: Übernatürliches
- Vermenschlichung von Pflanzen und Tieren
- Phantasiewesen
- Ausgangspunkt sind Tatsachen

Absatz 4:
- Sprachlich und stilistisch einfach
- Erhebt Wahrheitsanspruch
- Bezug zu landschaftlichen Besonderheiten

Absatz 5:
- Erklären Naturerscheinungen in Form einer Sage
- beispielsweise: Namen eines Sees

Absatz 6:
- Entstehung und Geschichte eines bekannten Geschlechts
- Legende: Sage um Heilige aus der christlichen Glaubensgeschichte

4 a) Die Sage unterscheidet sich vom Märchen darin, dass durch die Verwendung eines existierenden Ortes oder Geschlechts der Wahrheitsgehalt der Sage höher ist.
Dies wird meist durch eine Zeit- oder Ortsangabe in der Sage unterstützt.
(2 Punkte)

b) Im Text werden Kunstsagen, Volkssagen, Naturagen, Geschlechtersagen, historische Sagen und Legenden genannt.
(6 Punkte)

c) Eine Volkssage ist sprachlich und stilistisch einfach gestaltet. Sie bezieht sich auf landschaftliche Besonderheiten und erklärt deren Zustandekommen durch eine phantastische Geschichte. Sie erhebt damit den Anspruch auf „Wahrheit". (2 Punkte)

34–29 Punkte	28–17 Punkte	16–0 Punkte
Super!	In Ordnung!	Bitte noch einmal üben!

Kapitel 5: Inhaltsangabe

Test 1: Erste Schritte — Seite 53 – 55

1

Abschnitt	Zeilen	Überschriften für die Abschnitte
1	1–6	Einleitung
2	6–17	Ein preußischer Husar plündert und misshandelt eine französische Familie.
3	17–20	1806 besetzt die französische Armee Teile Preußens.
4	20–40	Der Sohn der geplünderten französischen Familie erkennt das geraubte Bettzeug in Neiße wieder.
5	40–70	Der Sohn stellt den ehemaligen preußischen Husaren zur Rede.
6	71–73	Lehre

2

Kriterien	Stichpunkte
Thema und Hintergrund	Schuld und Sühne; Krieg Preußens gegen Frankreich in der Französischen Revolution und Krieg Frankreichs gegen Preußen 1806
Personen, Stationen und Probleme	Preußischer Husar und französischer Sergeant – Preußischer Husar hat im Krieg unschuldige französische Familie ausgeraubt, Eltern und Sohn misshandelt, Tochter getötet – 1806 ist der Sohn als französischer Soldat in Neiße – er erkennt das Bettzeug, findet den Husaren und stellt ihn zur Rede – Husar fleht um Erbarmen
Schluss, Ergebnis	Sergeant nimmt keine Rache, Husar wird vom schlechten Gewissen gequält, stirbt nach drei Monaten
Besonderheit in der Gestaltung	Kalendergeschichte; am Schluss wird eine Lehre formuliert

Test 2: Analyse von Fehlertexten — Seite 56

1

	Bemerkungen
Zeile 2/3	Falsches Thema
Zeile 4–12	Keine Zusammenfassung, eher eine Nacherzählung
Zeile 15	1806 als wichtige Zahl vergessen
Zeile 16/17	Unwichtig für eine Inhaltsangabe
Zeile 22–24	Unpassende Wortwahl und inhaltlich falsch
Zeile 25–29	Falsche Reihenfolge
Zeile 30/31	Lehre nicht richtig erkannt
Zeile 32	Unpassender Schlusssatz, enthält keine Aussage

Test 3: Abfassen einer Inhaltsangabe — Seite 57

1 Die Tabelle kann ausgefüllt folgendermaßen aussehen.

Kriterium	Notizen
Name des Verfassers	Johann Peter Hebel
Titel des Textes	Der Husar in Neiße
Textart	Kalendergeschichte
Handlungszeit	In der Zeit der französischen Revolution / 1806
Zusammenfassung des Handlungsgeschehens in möglichst einem Satz	Ein preußischer Husar wird von seinen bösen Taten eingeholt.

2 Hier findest du ein Beispiel für die Einleitung der Inhaltsangabe.
Die Kalendergeschichte *Der Husar in Neiße* von Johann Peter Hebel spielt zu Beginn der französischen Revolution in der französischen Provinz Champagne und 1806 in der schlesischen Stadt Neiße. Ein preußischer Husar plündert und mordet in Frankreich und wird 18 Jahre später für seine Taten zur Rechenschaft gezogen.

3 Natürlich sind hier viele verschiedene Lösungen möglich. Hier findest du den Anfang einer solchen Inhaltsangabe.
Als die Preußen zu Beginn der Französischen Revolution die Champagne besetzten, plündert ein Husar eine vierköpfige Familie aus. Nachdem er die Erwachsenen misshandelt hat, will er zu den anderen Wertsachen ihnen auch noch das Bett samt neuem Überzug rauben. Die Kinder flehen ihn an, ihnen doch wenigstens das Bett zu lassen, worauf er den Knaben wegstößt, die Tochter tötet und anschließend mit seiner Beute abzieht.

Nachdem der Husar aus der Armee ausgeschieden ist, setzt er sich in der schlesischen Stadt Neiße zur Ruhe. ...

4 Hier ein Beispiel für den Schluss:
Johann Peter Hebel verdeutlicht mit seiner Kalendergeschichte, dass Gleiches nicht mit Gleichem vergolten werden muss und jeden Straftäter doch irgendwie und irgendwann seine gerechte Strafe ereilt.

Klassenarbeit Nr. 6 — Seite 59 – 61

1 Siehe Tabelle Aufgabe 2

2

Abschnitt	Wesentliche Aussagen
Zeile 1–3	Ortsangabe: Geschehen im „Morgenlande"
Zeile 4–9	Reicher verliert große Geldsumme und bietet Finder 100 Taler Belohnung
Zeile 9–33	Ehrlicher Finder, aber Reicher will die Belohnung nicht bezahlen Lüge des Reichen: er habe 800 Taler verloren, 700 seien nur noch vorhanden, also habe sich der Finder schon die Belohnung genommen
Zeile 33–38	Fall kommt vor den Richter Beide Männer bleiben bei ihren Darstellungen
Zeile 38–55	Richter erkennt Betrugsabsicht des Reichen und Ehrlichkeit des Finders Urteil: Geld gehört nicht dem Reichen, da es nur 700 Taler sind; ehrlicher Finder soll Geld verwahren; Reicher muss warten, bis jemand seine 800 Taler findet

3 Beispiellösung, prüfe deine Lösung kritisch, zieh dir für jeden Fehler einen Punkt ab.
In der Kalendergeschichte *Der kluge Richter* von Johann Peter Hebel wird eine Geschichte erzählt, die sich im Morgenlande zugetragen haben soll. Ein reicher Mann will einen ehrlichen Finder um dessen Finderlohn bringen und wird dafür von einem klugen Richter bestraft.

4 Beispiellösung, prüfe deine Lösung kritisch, zieh dir für jeden Fehler einen Punkt ab.
Ein reicher Mann verliert 700 Taler und bietet dem ehrlichen Finder 100 Taler Belohnung. Ein ehrlicher Mann findet das Geld und bringt es dem Reichen. Dieser will sich die Belohnung sparen und behauptet, er habe 800 Taler verloren und der Finder habe sich schon die 100 Taler Belohnung genommen. Der Richter, der diesen Streit entscheidet, fällt folgendes Urteil. Das Geld gehört nicht dem Reichen, da es nur 700 Taler sind, der ehrliche Mann soll es verwahren bis der wahre Besitzer sich meldet. Der Reiche muss warten, bis seine 800 Taler gefunden werden.
Der Autor verdeutlicht in dieser Geschichte, dass sich Lügen nicht lohnen.

43–37 Punkte	36–22 Punkte	21–0 Punkte
Super!	In Ordnung!	Bitte noch einmal üben!

Kapitel 6: Analyse von literarischen Texten

Test 1: Kurzgeschichte — Seite 68 – 71

1 Den Text kann man in folgende drei Sinnabschnitte einteilen:
Teil 1 (Zeile 1–11): Darstellung des bedrohlichen Ortes (Ruinenlandschaft), Begegnung von Junge und Mann
Teil 2 (Zeile 12–93): Gespräch zwischen dem Mann und Jürgen
Teil 3 (Zeile 94–98): Ruinenlandschaft hat jetzt einen Hoffnungsschimmer bekommen.
Zur Figurenkonstellation: Es treten zwei Personen auf: ein Kind und ein alter Mann, die durch das Gespräch eine Beziehung zueinander aufbauen.

2 Hier ein Vorschlag zur Tabelle.

Merkmal	Nachweis
geradliniger, linearer Aufbau; Höhepunkt fällt mit dem Schluss zusammen	Keine Nebenhandlung, Jürgen erzählt dem Mann, warum er Wache hält
Beschränkung auf wenige Personen, die meist anonym bleiben	Jürgen Alter Mann, der Kaninchen züchtet
offener Anfang (d.h. keine Einleitung) und offener Schluss (keine abschließende Lösung)	Der Leser erfährt nicht, wie es zu dieser Situation kam; offen bleibt auch, ob der alte Mann sein Versprechen einhält und mit einem Kaninchen zurückkommt, oder was mit Jürgen weiter geschieht
wenig äußere Handlung, einfache Sprache	Handlung nur an einem Ort, kurze Zeitspanne, einfache, fast schmucklose Sätze

3 Beispiellösung:
In einer Trümmer- und Ruinenlandschaft entdeckt ein Mann einen kleinen Jungen, der sich fast wie ein Erwachsener benimmt und nicht sagen will, was er tut. Nach und nach entlockt der Mann dem Jungen den Grund seines Wachens. Er bewacht den bei einem Bombenangriff getöteten kleineren Bruder, der unter den Trümmern liegt, vor den Ratten. Mit der Notlüge, dass die Ratten nachts schlafen, gelingt es dem Mann das völlig übermüdete Kind von seinem Tun abzubringen. Mit der Aussicht auf ein lebendiges Kaninchen weckt er in dem Jungen wieder Lebensfreude.

4 Es handelt sich um einen personalen Erzähler, es wird aus der Sicht des Jungen erzählt.

5 Eine erste Deutung (Interpretationshypothese) könnte lauten:
In dieser Kurzgeschichte zeigt Wolfgang Borchert den Schrecken eines Krieges am Beispiel des Jungen, der durch seine schrecklichen Erfahrungen seelisch verstört ist.

Test 2: Interpretation — Seite 72

1 a) Es handelt sich um einen personalen Erzähler, es wird aus der Sicht des Jungen erzählt.

b) Offener Anfang, offener Schluss, drei Teile sind erkennbar.
Teil 1: Darstellung des Ortes,
Teil 2: Gespräch zwischen dem Mann und Jürgen,
Teil 3: Hoffnungsschimmer für Jürgen,
Wandel von bedrohlicher Atmosphäre („Jetzt haben sie mich" Zeile 5/6) hin zu einem hoffnungsvollen Schluss. (rote Abendsonne" Zeile 95)

c) Die Geschichte spielt am Ende des zweiten Weltkrieges (oder kurz danach) in einer Ruinenlandschaft irgendwo in Deutschland.

d) Der neunjährige Jürgen, der an der Ruine des ehemaligen Wohnhauses der Familie Wache hält, um die Leiche seines kleinen Bruders, die unter den Trümmern liegt, vor den Ratten zu schützen. Ein alter Mann, der auf der Suche nach Kaninchenfutter den Jungen trifft. Nach anfänglicher Abwehr erzählt Jürgen dem Mann, warum er Wache halten muss; der Mann gewinnt Jürgens Vertrauen.

e) Auffallend sind die kurzen Sätze und der eher sachliche Stil, es werden wenige Adjektive benutzt, es kommt an entscheidenden Stellen zu Wiederholungen („Er war viel kleiner als ich. Erst vier. Er muß hier ja noch sein. Er ist doch viel kleiner als ich." Zeile 65 f.);
weiterhin fallen Personifizierungen („Das hohle Fenster in der vereinsamten Mauer gähnte blaurot voll früher Abendsonne. Staubgewölke flimmerte zwischen den steilgereckten Schornsteinresten. Die Schuttwüste döste." Zeile 1–3) und Satzverkürzungen („Von Menschen."; „Unser Lehrer."; „ Und er auch." Zeile 58 ff.) auf.
In der gesamten Kurzgeschichte gibt es keine Zeichen für die wörtliche Rede.
Der Text weist viele Absätze auf, die den Lesefluss hemmen.
Den folgenden Abschnitt könntest du nur schreiben, wenn du im Unterricht oder sonstwie mehr über Wolfgang Borchert, den Autor, erfahren hättest.
Insgesamt ist festzustellen, dass es sich um ein Beispiel für die für Wolfgang Borchert typische „Trümmersprache" handelt. D. h. die schmucklose (wenig Adjektive, meist einfache Sätze) Sprache soll die schmucklose zerstörte Umwelt am Ende des Zweiten Weltkrieges symbolisieren. Dazu tragen auch die vielen Absätze bei, die den Textkörper zerstören.

f) Der Titel nimmt den entscheidenden Satz der Kurzgeschichte vorweg. Die Lüge des alten Mannes, dass die Ratten nachts schlafen, kann als Zeichen der Menschlichkeit inmitten einer zerstörten Umgebung gedeutet werden. Dadurch kann Jürgen wieder Kind sein und seinen Wachposten aufgeben.

g) Die Sätze stehen in enger Beziehung zueinander. In beiden Sätzen wird die Ruinenlandschaft beschrieben. Im Eingangssatz wirkt sie bedrohlich, im Schlusssatz zeichnet sich ein Hoffnungsschimmer ab. („ Grünes Kaninchenfutter, das war etwas grau vom Schutt." Zeile 97 f. – „grün" deutet hier auf einen Neuanfang hin)

2 Eine erste (knappe) Deutung könnte so aussehen.
Die Kurzgeschichte spielt in den letzten Tagen des Zweiten Weltkrieges in einer Ruinenlandschaft. Ohne Einleitung führt die Geschichte den Leser in eine bedrückende und beängstigende Atmosphäre zwischen zerstörten Häusern. Erzählt wird in der Er-Form und aus der Perspektive des neunjährigen Jürgen (personaler Erzähler). Die Geschichte kann in drei Teile gegliedert werden. Zunächst werden der Ort (Ruinen, Staub) und die bedrohliche Situation dargestellt: Jemand fühlt sich verfolgt („Jetzt haben sie mich." Zeile 5/6). Im sich anschließenden

Hauptteil kommt es zum Gespräch zwischen Jürgen und dem Mann. Jürgens Haltung wandelt sich von trotziger Abwehr (Zeile 14 ff.) über die Preisgabe seines Geheimnisses (Zeile 55 ff.) zu wiederentdeckter Kindlichkeit (Zeile 70 ff.). Der Schlusssatz nimmt das Bild der Ruinenlandschaft wieder auf, erweckt aber beim Leser die Hoffnung auf einen Neuanfang. Das Ende der Geschichte bleibt aber offen.

Test 3: Lyrik – Inhalt und Form **Seite 73**

1 In folgenden Stichpunkten lassen sich Aussagen zu Form und Inhalt zusammenfassen:
1. Strophe (5 Verse): Paarreim mit einem zusätzlichen Vers (aabbb), Jambus
Ein Mädchen wünscht den Mai herbei.
2. Strophe (8 Verse):
1.–4. Vers: Kreuzreim (cdcd), Jambus
Das Mädchen befürchtet das zu schnelle Verblühen der Blumen.
5.–8. Vers: umschließender Reim (ebbe), Trochäus
Es bittet den Mai, doch noch etwas zu warten.

2 Bereits die Überschrift gibt einen Hinweis auf das lyrische Subjekt.
Ein Mädchen wendet sich als lyrisches Ich an den Mai und bittet ihn schnell zu kommen, um den wahren Frühling zu bringen. Dann besinnt sich das Mädchen darauf, dass dann der Frühling bereits fast vorüber wäre und viele Pflanzen verblüht wären. Es ändert seine Meinung und bittet den Mai, noch zu warten.

3 Der Sinneswandel des lyrischen Ichs wird durch verschiedene sprachliche Mittel verdeutlicht.
Während der Jambus die Ungeduld des Mädchens ausdrückt, macht bereits der Gedankenstrich zu Beginn der 2. Strophe deutlich, dass das Mädchen nachdenklich wird und sich besinnt. Das wird unterstützt durch den Wechsel des Metrums.

4 Der Mai wird im Gedicht als Person dargestellt, an die sich das Mädchen direkt wendet. Der Dichter verwendet Personifizierungen und den Imperativ sowie positive Adjektive zur Anrede.
Komm, Rosenbringer, süßer Mai, Komm du herbei, (1. Strophe)
Lieber, lieber Mai, Ach, so warte noch (2. Strophe)

Klassenarbeit Nr. 7 **Seite 74 – 75**

1 Ort: im Wohnzimmer
Zeit: nach der Schule/in der Zukunft (Gesellschaft ohne Bücher)
Handelnde Personen: das Kind: namenloses Schulkind, nicht näher charakterisiert
Ich-Erzähler: familiäre Beziehung zu dem Kind, wahrscheinlich Elternteil, Erwachsener mit Erinnerung an den Umgang mit Büchern
Handlungverlauf: Ein Kind kommt von der Schule nach Hause und erzählt vom Besuch in einem Museum, bei dem es das letzte Buch angesehen hat. Der Ich-Erzähler möchte Näheres über das Buch wissen. Das Kind kann jedoch nichts dazu sagen, da es nur das Äußere des Buchs sehen konnte und keine Vorstellungen vom Inhalt eines Buches hat. So verliert es schnell das Interesse und wendet sich dem Fernsehen zu, das das Lesen vollständig ersetzt hat.
Zieh dir für jeden Fehler einen Punkt ab.

2 Erzählperspektive: Ich-Erzähler
Titel-Text-Beziehung: Titel weist auf eine Zukunftsvision hin: Das letzte Buch ist nur noch im Museum zu besichtigen. Die Menschen lesen keine Bücher mehr.

3 Interpretationshypothese: Die Autorin warnt vor dieser möglichen Entwicklung. Sie empfindet den Rückgang des Leseinteresses als Verlust.

4 Textart: Kurzgeschichte
- geradliniger, linearer Aufbau; keine Nebenhandlung
- Beschränkung auf zwei Personen, die anonym bleiben
- unvermittelter Anfang und offener Schluss
- wenig äußere Handlung: kurzer Dialog innerhalb einer kurzen Zeitspanne
- einfache Sprache

5 sprachlich-stilistische Besonderheiten/formale Auffälligkeiten
- keine Kennzeichnung der wörtlichen Rede
- überwiegend einfache Sätze (Hauptsätze)
- ausdrucksstarke Verben lediglich bei der Schilderung des Fernsehprogramms: *Der trübe Fluss schmatzte, die eingeborenen Treiber schrien.*

28–24 Punkte	23–14 Punkte	13–0 Punkte
Super!	In Ordnung!	Bitte noch einmal üben!

Kapitel 7: Beschreibung

Test 1: Vorgänge beschreiben Seite 79 – 80

1 Die blau gekennzeichneten Verben bezeichnen den entsprechenden Sachverhalt am genauesten. Die Unterstreichungen gehören schon zur Lösung 2.
In jeder Radiostation gibt es Studios, in denen Moderatoren und Journalisten arbeiten. In der Technikregie bedient der Tontechniker das Mischpult, er überprüft Mikrofone legt CDs auf. Das Studio ist mit einer Sendezentrale verbunden. Über die Antenne, die an einem hohen Mast befestigt ist, können sich die Radiowellen gut ausbreiten. Der Sender moduliert die Trägerwelle und verändert sie. Der Radioempfänger wählt die Wellenlänge des gewünschten Radioprogramms aus, demoduliert sie, verstärkt die so gewonnenen elektrischen Signale und wandelt sie mithilfe des Lautsprechers wieder in Schallwellen um.

2 Der Text enthält eine Reihe von Fachwörtern aus dem Bereich der Rundfunktechnik, wobei uns die meisten geläufig sind. Vergleiche dazu die von dir gefundenen Fachwörter mit den unterstrichenen Wörtern im oben stehenden Lösungstext. Möglicherweise musstest du folgende Wörter nachschlagen:
modulieren/demodulieren: Verändern der Schwingungsweite oder der Frequenz der Trägerwellen durch Signale
Trägerwelle: Radiowellen, die elektrische Signale transportieren können.

3 Die unterstrichenen Wörter, Wortgruppen oder Teilsätze verdeutlichen den zeitlichen Ablauf.
Wie kommen Farbbilder aufs Papier?
Um ein farbiges im 4-Farben-Offsetdruck wiedergeben zu können, müssen die Daten des Bildes (die aus einer Digitalkamera stammen können oder von einem Scanner) in die vier (Druck-)Farben Gelb, Cyan, Magenta und Schwarz umgerechnet werden. Diese Daten werden dann im Computer als Datei gespeichert. Zunächst werden die Bilder im Regelfall erst einmal gesondert angedruckt (auch das geschieht häufig digital), um so die Qualität der Farbwiedergabe zu kontrollieren. Nachdem die Korrekturen ausgeführt und wiederum überprüft wurden, werden Offsetfilme und davon Druckplatten (oder meist gleich die Druckplatten) hergestellt. Diese Platten werden schließlich auf die Zylinder einer Druckmaschine gespannt. Auf seinem Weg durch die Maschine wird das Papier nacheinander mit den Farben Gelb, Cyan, Magenta und Schwarz bedruckt, sodass zum Schluss das Farbbild entsteht.

4 Individuelle Lösung

Test 2: Entwicklungsprozesse beschreiben Seite 81 – 82

1 Die Abschnitte entsprechen den Absätzen des Textes, in denen jeweils ein Aspekt, ein Teilschritt, dargestellt wird.

1. Absatz	Verwendung von Siegelsteinen als früheste Form des Druckens (Zeilen 1 bis 3)
2. Absatz	Vervielfältigung von Büchern durch handschriftliche Kopien u. a. in mittelalterlichen Klöstern (Zeilen 4 bis 7)
3. Absatz	Erfindung des Buchdrucks mit beweglichen Lettern durch J. Gutenberg (Zeilen 8 bis 11)
4. Absatz	Wachsende Verbreitung gedruckter Schriften (Zeilen 12 bis 15)
5. Absatz	Weiterentwicklung der Drucktechnik (Zeilen 17 bis 18)

2 Der Buchdruck, die älteste Form des Druckens, wurde von Johannes Gutenberg um 1440 erfunden. Er war fünf Jahrhunderte lang das einzig brauchbare Druckverfahren zur Massenproduktion. Als Schrifttypen setzte Gutenberg bewegliche Metall-Lettern ein. Ursprünglich bestanden die Druckvorlagen aus Tausenden angeordneter Metalltypen. Einzeln gegossene Buchstaben oder auch Buchstabengruppen bildeten die Typenformen. Die Druckfarbe wurde auf die erhöhten Flächen der Form aufgetragen und danach durch Pressen auf Papier oder Pergament übertragen. Holzschnitte und Gravierungen konnten mit Typen kombiniert werden. So wurden Seiten erstellt, die Text und Graphik enthielten.

Test 3: Gegenstände beschreiben Seite 83

1 Der klassische Fotoapparat besteht aus zwei Hauptbauteilen: dem Gehäuse und dem Objektiv. Das Gehäuse, in dem sich der Film befindet, ist lichtdicht. Es verfügt über einen Sucher, mit dem der Bildausschnitt bestimmt wird, einen Auslöser, einen Spiegel zur Lenkung des Lichts, einen Verschluss, der sich bei Betätigung des Auslösers mit der eingestellten Geschwindigkeit öffnet und schließt, und die Blende, mit der die Menge

des einfallenden Lichts geregelt werden kann. Jedes Objektiv setzt sich aus verschiedenen optischen Linsen zusammen. Meist ist die Brennweite des Objektivs veränderbar. Man fotografiert meist mit Apparaten, bei denen Motoren und elektronische Systeme die Einstellungen automatisch vornehmen.

2 Folgende wesentliche Bestandteile des Fotoapparates werden beschrieben.

Oberbegriffe	Gehäuse	Objektiv
Untergeordnete Bestandteile	Sucher Auslöser Spiegel Verschluss Blende	Optische Linsen

3 Vergleiche deine Unterstreichungen mit denen im Lösungstext oben. Häufig werden Relativsätze verwendet, um Erklärungen anzufügen.

Test 4: Personen beschreiben — Seite 84

1 a) Im Textauszug wurden viele verschiedene Merkmale beschrieben. Dabei hat sich der Autor besonders darauf beschränkt, was man auf den ersten Blick wahrnehmen kann, also auf die äußere Erscheinung.

- ☐ Alter
- ☐ Beine
- ☒ Mund
- ☒ Figur
- ☒ Vorlieben
- ☐ Oberkörper
- ☒ Augen
- ☒ Wirkung
- ☒ Nase
- ☒ Geschlecht
- ☒ Kleidung
- ☒ Ohren
- ☒ Kopf
- ☐ Eigenschaften
- ☐ Hände

b) Michael Ende verwendet zur anschaulichen Beschreibung neben Vergleichen mit *wie* und *als* auch zusammengesetzte Adjektive, die Vergleiche beinhalten (Metaphern).
knochendürr, faltenreich, giftgrün, schwarzrandig, verschrumpelt wie ein vertrockneter Apfel, so dick wie Lupen, wie Henkel von einem Topf, so schmal, als wäre es ihm mit einem Rasiermesser ins Gesicht geschnitten worden

2 Um die Figur des Beelzebub Irrwitzer näher zu charakterisieren, sollte man auf folgende Fragen näher eingehen. Weitere sind natürlich möglich.
Wie lebt er?
Welche Fähigkeiten und Interessen hat er?
Welche besonderen Charakterzüge hat er?
Wie verhält er sich in bestimmten Situationen?
Welche Wünsche und Ziele hat er?

Klassenarbeit Nr. 8 — Seite 85 – 86

1

Teilvorgang	Was geschieht?
Einleitung/ Hinführung	– 30.000 Eisportionen pro Stunde werden in Eisfabrik produziert – Zutaten Vanilleeis: Wasser, Milch, Zucker, Sahne, Eigelb, Vanille
Homogenisierung	– Zutaten in Premixer – mit Druck von 140 Bar durch Sieb gepresst – Vermischung Milchfett und Wasser durch Verkleinerung der Fettteilchen
Pasteurisierung	Erhitzung auf 80 Grad Celsius, um die Keime abzutöten
Reifung	Eismasse ruht 6 Stunden in gekühlten Behältern
Eismix läuft durch *Freezer*	– Eis läuft durch –27 Grad kalte Kühlrohre – an Kühlrohren gefrorene Masse wird von kreisenden Messern abgeschabt – Eismasse wird mit Luft aufgeschlagen
Formen und Schockgefrieren	– portionsweise Abfüllung des Eises – Erstarrung des Eises im Kältetunnel bei –40 Grad (2 Minuten)

2 Die Richtige Reihenfolge ist: (5), (2), (6), (3), (7), (4). – (1) passt gar nicht.
„Fehler des Textes“:
Er enthält Wertungen, es fehlen Informationen, er enthält Unwichtiges.

17–14 Punkte	13–9 Punkte	8–0 Punkte
Super!	In Ordnung!	Bitte noch einmal üben!

Kapitel 8: Bericht

Test 1: Sachliche und persönliche Texte — Seite 90

1 In beiden Texten werden Informationen zu folgenden W-Fragen gegeben:
Wer war wann wo? Was ist geschehen?
Text A ist ein Bericht. Er ist sachlich formuliert, die W-Fragen stehen im Vordergrund. Text A gibt zusätzlich Antwort auf die Frage nach dem Grund bzw. Zweck des Aufenthalts und nach den Folgen.

Schon zum wiederholten Male fuhren Schüler der zwölften Klasse unserer Schule im Juni 2006 im Rahmen einer Studienfahrt nach Paris. Auf dem Programm stand die Besichtigung des Musee d'Orsay, des Eiffelturms, des Louvres und anderer Sehenswürdigkeiten. Die im Anschluss an die Fahrt entstandenen Schülerarbeiten können ab sofort in der Schule besichtigt werden.

Text B ist ein Erlebnisbericht. Er schildert persönlich gefärbt und enthält Zusatzinformationen, die dem Schreiber besonders wichtig sind und die über die Beantwortung der W-Fragen hinausgehen.

Wir, ein Teil der ehemaligen 12. Klasse, machten uns im Juni 2006 auf nach Paris, wo schon Heinrich Heine, Vincent van Gogh und andere Künstler waren. Wenn man sich Paris vorstellt, dann hat man kleine Cafés und Häuser mit zahlreichen Balkons vorm geistigen Auge. Und so war es dann auch.
Unter anderem haben wir den Invalidendom, in dem der Sarkophag von Napoleon aufbewahrt wird, das Musee d'Orsay, dessen Gebäude früher ein Bahnhof war, den Triumphbogen, um den wir mindestens fünfmal herum gefahren sind und dennoch seine wahre Größe nicht erfassen konnten, und den Louvre, in dem die Mona Lisa von Leonardo da Vinci ausgestellt ist, besucht. Und natürlich, nicht zu vergessen, waren wir am bzw. auf dem Eiffelturm, dem Symbol von Paris, welcher 1889 für eine Weltausstellung von Gustav Eiffel erbaut wurde. Er ist wahrhaftig ein Monstrum aus Stahl, aber mit einem faszinierenden Ausblick. In der Nacht wird der Turm beleuchtet und glitzert zu jeder vollen Stunde – einfach nur bezaubernd.

2 Um in einem Bericht die Sätze knapper zu formulieren, verwendet man häufig den Nominalstil anstelle des Verbalstils. Das bedeutet, dass viele Nominalisierungen verwendet werden. In der Lösung findest du diese unterstrichen vor.

a) Unmittelbar nach der Ankunft in der Jugendherberge unternahmen wir einen geführten Stadtrundgang.
b) Am besten gefiel uns die Besichtigung der alten Burg in der Dämmerung.

Test 2: Analyse eines Berichts — Seite 91

1 Beim Einsetzen musste auf die richtige Tempusform und auf die korrekte Verwendung von Aktiv oder Passiv geachtet werden.
Wegen unangepasster Geschwindigkeit auf glatter Straße kam es gestern gegen 14.30 Uhr zwischen Roggentin und Granzow zu einem Unfall. Der junge Fahrer wurde dabei leicht verletzt, die Freundin schwer. Das Auto, das auf den Vater des Fahrzeugführers zugelassen ist, war von der Straße abgekommen und frontal gegen einen Baum geprallt. Es entstand Totalschaden.

2 Der Bericht gibt in kürzester Form Antwort auf alle wesentlichen W-Fragen.
Was passierte? Ein Unfall
Warum kam es zu dem Unfall?
Wegen unangepasster Geschwindigkeit auf glatter Straße
Wann kam es zu dem Unfall?
Gestern gegen 14.30 Uhr
Wo passierte der Unfall?
Zwischen Roggentin und Granzow
Wer war beteiligt?
Ein junger Fahrer und seine Freundin
Wie passierte der Unfall?
Das Auto war von der Straße abgekommen und frontal gegen einen Baum geprallt.
Welche Folgen hatte der Unfall?
Der Fahrer wurde leicht verletzt, die Freundin schwer; am Auto entstand Totalschaden.

Test 3: Zeitungsbericht — Seite 92

1 Der Schreiber drückt an verschiedenen Stellen des Textes seine Meinung aus.
Eine Wertung wird sowohl durch die Wortwahl als auch durch die Einbeziehung des Zitats gegeben.
Junge Schülerinnen haben sich gestern Morgen in der Jugendherberge in Büsum (Schleswig-Holstein) zu intensiv mit Deodorants eingesprüht und so einen Feueralarm in dem Gebäude ausgelöst.

Die wohlriechenden Duftschwaden zogen in der Damentoilette in die Decke und aktivierten den dort installierten Brandmelder. Drei Feuerwehrfahrzeuge und ein Streifenwagen rasten zu dem vermeintlichen Unglücksort. „Die jungen Mädchen kommen in Zukunft hoffentlich mit weniger Duftstoffen aus", sagte Polizeisprecher Holger Buttgereit anschließend etwas gereizt.
Die Lächerlichkeit der Situation soll dargestellt werden und Kritik soll daran geübt werden, dass solche Nichtigkeit einen Alarm auslöst und somit viel Geld und Aufregung kostet.
Die folgenden W-Fragen werden beantwortet: Wer hat was gemacht? Wo und wann ist es passiert? Wie ist es geschehen? Welche Folgen gab es?

2 Diese Nachricht bezieht sich nicht auf ein vorangegangenes Ereignis, sondern gibt die Ergebnisse einer Studie wieder.
Hier werden besonders häufig Konjunktivformen (bekämen, könnten, habe, läsen, verbrächten, nehme zu, gebe) verwendet, da wiedergegeben wird, was eine Person gesagt hat.

3 Beide Texte sind kurze Nachrichten, die jedoch einen unterschiedlichen Inhalt und daraus folgend eine unterschiedliche Form haben.

	Deo löst Feueralarm aus	Bücher ohne Chance
Inhalt	Knapper Bericht über ein Ereignis (Meldung)	Auswertung einer Entwicklungstendenz, Wiedergabe eines Gesprächs
Form	Perfekt und Präteritum Beantwortung der W-Fragen	Präsens zur Wiedergabe von Tatsachen; Konjunktive zur Wiedergabe der indirekten Rede

Test 4: Protokoll — Seite 93

1 Die markierte Protokollform ist jeweils die geeignetste.

	Verlaufsprotokoll	Ergebnisprotokoll
a)	☒	☐
b)	☐	☒
c)	☒	☐
d)	☒	☐
e)	☐	☒

2 Folgende Schwerpunkte wurden von den Schülern beraten:
a) Thematik:
Wie sollen die Abende in der Jugendherberge gestaltet werden?
b) erzielte Ergebnisse:
Lesenacht, Modenschau, Karaoke, Tischtennisturnier, Nachtwanderung

Klassenarbeit Nr. 9 — Seite 94 – 95

1 So könnte der korrigierte Bericht für die Schülerzeitung abgefasst werden.
Am 25.09.2008 fanden die Wahlen zum Schülerrat des Johann-Wolfgang-Goethe-Gymnasiums in Seehausen statt.
Nach dem Bericht des Schülerratsvorsitzenden Jens Müller aus der 10/5 über das vergangene Schuljahr begann eine Diskussion darüber, warum der Schülerrat in der Schulkonferenz für die neuen Pausenzeiten gestimmt hat. Kritik kam vor allem aus den 8. Klassen. Dem Schülerrat wurde vorgeworfen, die Entscheidung nicht mit den Schülerinnen und Schülern diskutiert zu haben.
Anschließend wurde die Wahl durchgeführt.
Dem neuen Schülerrat gehören an:
Franziska 7/4, Paul 8/3, Ingo 9/2, Jens 10/5, Lisa 12/2 und Jakob 12/4. Als neuer Vorsitzender wurde erneut Jens Müller 10/5 gewählt.
Die Schülerzeitung gratuliert dem neuen Schülerrat.

30–26 Punkte	25–15 Punkte	14–0 Punkte
Super!	In Ordnung!	Bitte noch einmal üben!

Klassenarbeit Nr. 10 — Seite 96

1 Der Bericht könnte wie folgt formuliert werden:
Kinder- und Jugendbuchmesse *Books4U*
Vom 14. bis 28. Februar 2010 fand im Gymnasium in Meckenheim (Rheinland) die deutschlandweit größte nichtkommerzielle Kinder- und Jugendbuchmesse *Books4U* statt. Zuvor waren in einer Werbeaktion etwa 250 verpackte Bücher auf Parkbänken, in Einkaufszentren, in der Bahn und in Arztpraxen platziert worden, um das Interesse an der Messe zu wecken.
Auf der Messe, die täglich von 10 bis 19 Uhr geöffnet war, wurden etwa 3000 Bücher, CDs und DVDs präsentiert, größtenteils Neuerscheinungen des Jahres 2009. Zusätzlich wurden Kinderfilme gezeigt und Lesungen organisiert.
Prüfe deinen Text kritisch. Zieh dir für jeden erkannten Fehler einen Punkt ab.

20–17 Punkte	16–10 Punkte	9–0 Punkte
Super!	In Ordnung!	Bitte noch einmal üben!

Kapitel 9: Argumentation

Test 1: Merkmale einer Argumentation — Seite 99 – 100

1 Der erste Absatz (Zeilen 1 bis 5) bietet wie die Absätze 2 (Zeilen 6 bis 10), und 3 (Zeilen 11 bis 18) je ein Argument. Der vierte Absatz (Zeilen 19 und 20) stellt den Standpunkt der Autorin dar.

2 Im Text findet man folgende Argumente: Autoritätsargument (Absatz 1) und Faktenargument (Absätze 2 und 3)

3 Die Schülerin hat eine induktive Gliederung gewählt. Die Argumente 1 bis 3 werden zunächst angeführt. Anschließend formuliert die Schülerin ihren eigenen Standpunkt zum Abschluss des Textes.

4 Die Sprache entspricht im Wesentlichen den Anforderungen an eine Argumentation. Allerdings stören umgangssprachliche Elemente, die nicht dem sachlichen Stil entsprechen (*ist nicht schlecht dabei gefahren*; *meckern schon die Lehrer*; *so stinkt man*)

5 Die Argumentation ist schlüssig und vor allem hinsichtlich des zweiten Arguments (Verletzungen) voller Überzeugungskraft, da hier nachprüfbare Fakten angeführt werden. (Je nachdem, ob für dich persönlich ein Argument von großer oder geringer Wichtigkeit ist, wird dich solch eine Argumentation mehr oder weniger überzeugen.)

Test 2: Thesen und Argumente formulieren — Seite 101

1 Hier findest du Beispiele für die Gegenthesen. Womöglich hast du aber auch ganz andere Formulierungen gefunden.
Hast du darauf geachtet, dass diese sachlich und verständlich sind?

a) Die Verwendung vieler englischer Wörter in deutschen Texten zeigt die nur lückenhafte Beherrschung der deutschen Sprache.
b) Hausaufgaben dienen der Festigung des im Unterricht vermittelten Wissens.
c) Gewaltverherrlichende Computerspiele müssen verboten werden, da sie den Spieler dazu bringen können, sich mit der Gewalt zu identifizieren.

2 Die Tabelle solltest du wie folgt ausgefüllt haben.

Die Identifizierung mit ihrer Schule ist eine positive Auswirkung.	Erläuterung
In einer demokratischen Schule gibt es einen funktionierenden Schülerrat.	Erläuterung
Eine Möglichkeit ist die Beteiligung der Schüler an der Planung einer Projektwoche.	Beispiel
Eine demokratische Schule ist die bessere Schule	Behauptung/ These

3 So könnte das fertige Argument lauten.
Eine demokratische Schule ist immer die bessere Schule. Neben einem gut funktionierenden Schülerrat ist eine demokratische Schule auch durch die Identifizierung der Schüler mit ihrer Schule gekennzeichnet. Beispielsweise ist an solchen Schulen die Beteiligung der Schüler an der Planung einer Projektwoche eine Selbstverständlichkeit.

Test 3: Sprachliche Mittel — Seite 102

1 a) Hier ist die Wortwahl fehlerhaft.
Vorschlag für eine neue Formulierung: Vielen meiner Mitschüler macht der Sportunterricht Spaß.

b) Wiederholungsfehler
Vorschlag für eine neue Formulierung: Die Behauptung, dass es im Sportunterricht zu vielen Unfällen kommt, ist falsch, denn häufig verletzen sich die Schüler auch in ihrer Freizeit. Gefährlich ist es allerdings dann, wenn Schüler vor Beginn der Sportstunde allein an den Geräten hantieren oder üben.

c) Durch die fehlerhafte Formulierung entsteht in Satz c ein falscher Zusammenhang.
Vorschlag für eine neue Formulierung: Sicherlich zählt nicht für alle Schüler Sport zu ihrem Lieblingsfach, allerdings sollten diese bedenken, dass der Sportunterricht auch ihre Kondition verbessert.

2 Beispiellösungen.

a) Motocross im Wald schadet der Umwelt, da die grobstolligen Reifen den Waldboden aufreißen.
b) Weil das Töten von Menschen verharmlost wird, müssen Gewalt verherrlichende Computerspiele verboten werden.
c) Freunde müssen ehrlich zueinander sein, auch wenn in manchen Situationen eine Notlüge dem Freund helfen könnte.

d) Ein Nationalpark ist ein Anziehungspunkt für Touristen, obwohl zu viele Besucher die Natur schädigen und deshalb Menschen eigentlich keinen Zutritt haben dürften.

Klassenarbeit Nr. 11 — Seite 103 – 105

1 So könnten These und Gegenthese lauten. These: Die Jugendlichen brechen mit allen Normen. Gegenthese: Jede Generation verändert Normen.

2 Beispiellösung:
Jede Veränderung in der Technik, Medizin usw. verändert auch das Zusammenleben der Menschen, Stichworte: Industrialisierung, Großstädte, Kleinfamilie.
Gegliedert könnte daraus folgendes Argument formuliert werden:
Große Veränderungen in der Technik oder Medizin haben immer auch Auswirkungen auf das Zusammenleben der Menschen. So hat beispielsweise die Industrialisierung zu einer Konzentration von Menschen in den Städten geführt. Großstädte entstanden. Viele Menschen zogen vom Lande in die Stadt, weil sie Arbeit in den Fabriken fanden. Dadurch veränderten sich aber auch alte Traditionen wie die Großfamilie.

3 Weitere Angebote für eine Stoffsammlung findest du hier.
- Sichtweise der Alten auf die Jungen verzerrt die Perspektive, so verändern sich beispielsweise mit der Zeit bestimmte Gewohnheiten und Interessen.
- Die Jugend sollte immer etwas verändern – Fortschritt, Veränderung entsteht aber nur, wenn man Altes und Bekanntes in Frage stellt und auch abschafft oder überwindet.
- Etwas Altes nicht zu akzeptieren, muss nicht Ungehorsam, sondern kann auch positive Veränderung sein, etwas Altes kann sich unter neuen Verhältnissen als hemmend oder sogar falsch herausstellen.
- Jugend benötigt zu ihrer Entwicklung Freiraum und Vertrauen, dazu gehört auch das Recht, Fehler zu machen. Neue Ideen sollten Akzeptanz finden, Unvoreingenommenheit ist gefordert.
- Leben heißt Veränderung, Stillstand heißt, nicht zu leben.

Argumente: Individuelle Lösung.

4 Individuelle Lösung.

20–17 Punkte	16–10 Punkte	9–0 Punkte
Super!	In Ordnung!	Bitte noch einmal üben!

Klassenarbeit Nr. 12 — Seite 105

1 Zum Text lassen sich folgende Bemerkungen machen.
Klimawandel und Windmühlenchaos
In den Zeitungen und Zeitschriften werden immer neue Horrorszenarien entworfen. In wenigen Jahren sollen ganze Landstriche verwüsten, soll das Wasser knapp werden und die Temperatur ansteigen. Soweit die Märchen. Doch schauen wir uns einmal die Realität an.
Einleitung und Themenangabe
Die Niederschläge in Mitteleuropa nehmen zu statt ab. Die Sommer sind nach wie vor durchwachsen und häufig zu kühl und auch Herbst und Winter sind durch das Temperaturgefälle als Jahreszeiten erkennbar.
Behauptungen
Wo ist also das Problem? Oder gibt es gar kein Problem? Ist es nur der Wunsch der Windkraftlobby? Wollen diese Menschen weiter unsere Landschaft durch die riesigen stählernden Windmühlen verschandeln? Glaubt wirklich jemand daran, dass wir so unseren Energiebedarf decken können? Oder sollen wir wieder als Höhlenmenschen ohne Strom leben?
Fragen, die versuchen, die Kritiker unglaubwürdig erscheinen zu lassen.
These: Ein Klimawandel ist nicht erkennbar.
Einschätzung: Der Text ist wenig überzeugend, da kaum argumentiert wird.
Eine Aneinanderreihung von Fragen ersetzt keine Argumentation.

2 Die Gegenthese könnte lauten:
Die verheerenden Auswirkungen des Klimawandels zeigen sich bereits heute – und weltweit.

3 Hier findest du einige Anregungen für deine Stoffsammlung.
- Zunahme an Naturkatastrophen – direkte Auswirkung
- messbares Schmelzen des Polareises
- steigende Ozonbelastung des Menschen
- Studien der UNO und anderer Organisationen als Beleg
- Veränderungen bei Flora und Fauna

4 Individuelle Lösung.

15–13 Punkte	12–8 Punkte	7–0 Punkte
Super!	In Ordnung!	Bitte noch einmal üben!

Stichwortregister

Stichwortregister